AF221253

Kathrin Wibbing

Lebe deine Sterblichkeit

Manchmal vergessen wir, dass wir sterblich sind.
Dabei hilft uns die Sterblichkeit, lebendig zu sein.

Ein kleines Übungsbuch

Besuche meine Webseite: www.w-in-flow.de

Bibliografische Information der Deutschen Nationalbibliothek:
Die Deutsche Nationalbibliothek verzeichnet diese Publikation in
der Deutschen Nationalbibliografie; detaillierte bibliografische Daten sind im Internet über http://dnb.dnb.de abrufbar.

© 2021 Kathrin Wibbing

Lebe deine Sterblichkeit

Herstellung und Verlag: BoD – Books on Demand, Norderstedt

Korrektorat: TEXSY BUSINESS LTD, Basel

ISBN: 978-3-7543-5588-6

MIX
Papier aus verantwortungsvollen Quellen
Paper from responsible sources
FSC® C105338
FSC
www.fsc.org

Inhalt

*„Wenn die Menschen wüssten, was der Tod
ist, dann hätten sie keine Angst mehr vor ihm.
Und wenn sie keine Angst mehr hätten, könnte
keiner ihnen ihre Lebenszeit stehlen."*

Michael Ende – aus dem Buch „Momo"

Einleitung

Liebe Leserin, lieber Leser,

ich begrüße dich herzlich in diesem kleinen Büchlein über das Sterben, in dem es vor allem auch um das Leben geht.

Ich erlebe sehr häufig, dass die Menschen der eigenen Sterblichkeit hilflos und zum Teil sogar angstvoll gegenüberstehen. Mein Eindruck ist, dass wir es nicht gewohnt sind, über die Themen Tod und Sterblichkeit zu sprechen. Oft herrscht auch Unwissenheit, da wir gar nicht wissen, was zum Ende hin mit uns passiert. Dabei hilft das Wissen über die eigene Endlichkeit dabei, das Leben intensiver wahrzunehmen.

Bei der Geburt meines zweiten Sohnes im Jahr 2013, die mit einigen Komplikationen für ihn einherging, habe ich mich intensiv mit dem Tod und der Sterblichkeit beschäftigt. Die komplette Geschichte kannst du im ersten Kapitel nachlesen. Aufgrund dieser Erfahrung versuche ich seitdem, die Sterblichkeit in mein Leben zu integrieren.

Diese Erfahrungen möchte ich in diesem Büchlein gerne weitergeben. Es gibt neben Berichten und Erzählungen auch Übungen, die dich einladen, dich mit deiner eigenen Sterblichkeit auseinanderzusetzen. Ich habe weder den Anspruch, die letztendliche Wahrheit gefunden zu haben, noch, dass dieses Buch ein umfassendes Werk zu allen Facetten des Todes enthält. Du findest vielmehr Denkanstöße zum Thema der eigenen Sterblichkeit, die dir hoffentlich ein bisschen weiterhelfen, das eigene Leben noch mehr wertzuschätzen.

Ich bin auch keine Ärztin, Psychologin oder Heilpraktikerin, sodass ich nicht den Anspruch habe, dich zu heilen. Wenn du spürst, dass dich die Themen in diesem Buch zu sehr triggern, nimm bitte professionelle Hilfe in Anspruch.

Du findest in jedem Kapitel verschiedene Übungen, die du dazu nutzen kannst, das Thema für dich näher zu reflektieren. Verwende gerne ein Tagebuch, um deine Gedanken und Überlegungen niederzuschreiben.

Falls es dir schwerfällt, in die Übungen zu kommen und innerlich ruhig zu werden, gehe vorab in Stille spazieren. Lass dich von nichts ablenken, sondern lass deine Gedanken fließen. Anschließend ist es vermutlich leichter, sich auf die Stille einzulassen. Alternativ kannst du auch eine geführte Meditation durchführen, um zur Ruhe zu kommen. Besuche dazu gerne meine Webseite: www.w-in-flow.de. Dort findest du kostenlose Meditationen.

Das Buch ist grob in drei Bereiche aufgeteilt. Zunächst enthält es Kapitel, in denen du den Tod näher kennenlernen und dich damit auseinandersetzen kannst, was beim Sterben mit dem Körper und der Seele passiert.

Anschließend kannst du tiefer eintauchen und dich mit dem Prozess des Loslassens beschäftigen. Am Ende unseres Lebens werden wir alles, was uns im Leben lieb und teuer ist, komplett loslassen. Dazu beschreibe ich verschiedene Übungen, die du nutzen kannst, um dich bereits zu Lebzeiten von seelischem Ballast zu lösen. Selbstverständlich kannst du immer für dich entscheiden, wie tief du in diese Übungen und Gedankenexperimente hineingehst. Höre einfach auf dein Bauchgefühl.

Nach dem Loslassen kannst du das Leben begrüßen und feiern. Schließlich geht es bei der Beschäftigung mit der eigenen Sterblichkeit darum, das Leben zu ehren und zu genießen.

Ich wünsche dir viel Freude dabei.

Deine

Kathrin

Kapitel 1 – Warum sollten wir uns mit der eigenen Sterblichkeit beschäftigen?

*„Dass man lebt, ist Zufall;
dass man stirbt, ist gewiss."*

Erich Kästner

Im ersten Kapitel schauen wir uns an, warum wir uns mit dem eigenen Tod auseinandersetzen sollten und warum es Zeit wird, das Thema der Sterblichkeit aus der Tabuzone zu holen.

Übung: Ich lebe meine Sterblichkeit

Wir starten direkt mit einer kleinen Übung.

Sage dir: „Ich lebe meine Sterblichkeit."

Spüre, was dieser Satz mit dir macht.
Beobachte deine Gefühle.
Nimm deine Gedanken wahr.

Schließe deine Augen für einen Moment und sage dir diesen Satz.

Dann öffne deine Augen wieder.

Nimm dein Tagebuch zur Hand. Notiere dir die Erkenntnisse und Gefühle, die du gerade hattest. Nimm dir gerne ein paar Minuten Zeit. Lass alles zu, was dir jetzt oder auch im Laufe des Schreibens in den Sinn kommt. Mit dieser Übung kannst du herausfinden, wie du aktuell zu deiner eigenen Sterblichkeit stehst. Nimm alle Gefühle wahr, die in dir hochkommen, wenn du darüber nachdenkst, dass du eines Tages sterben wirst.

Am Ende des Buches kannst du diese Übung wiederholen. Du kannst also schauen, ob und wie sich deine Sichtweise auf das Thema verändert.

Motivation zur eigenen Sterblichkeit

Wie du vermutlich schon herausgefunden hast, geht es in diesem Buch um deine eigene Sterblichkeit. Dieses Buch dient nicht zur Trauerverarbeitung, wenn ein lieber Mensch von dir gegangen ist. Wir beschäftigen uns hier mit dem Blick auf unseren eigenen Tod. In diesem Kapitel möchte ich dir berichten, warum ich es so wichtig finde, dass wir uns mit der eigenen Sterblichkeit beschäftigen, und was auch meine persönliche Motivation ist, mich mit dieser Thematik zu beschäftigen.

Leider erlebe ich es sehr häufig, dass die eigene Sterblichkeit ein absolutes Tabuthema in unserer Gesellschaft ist. Viele, die ich kenne, haben richtig Angst vor dem Tod und sprechen nicht darüber. Ich habe dann den Eindruck, die Menschen agieren so, als wären sie unsterblich.

Manchmal erlebe ich Momente, zum Beispiel auf einer Beerdigung oder wenn man darüber spricht, dass der- oder diejenige gestorben ist. Oft heißt es dann: „Ach ja, jetzt ist der auch tot. – Ja." Anschließend folgt ein kurzer Moment des Innehaltens. Die Gesprächspartner sind kurz in Gedanken und haben vielleicht im Sinn, dass auch sie eines Tages sterben werden. Doch das Gespräch geht meistens nicht in diese Richtung, sondern richtet sich schnell auf andere Aspekte des Lebens.

Ich finde das fast verrückt. Aus meiner Sicht ist der Tod das einzig Sichere im Leben. Eines schönen Tages sind wir alle tot. Vielleicht kommen wir nochmals wieder – auch diese Möglichkeit werden wir uns im Verlaufe des Buches noch anschauen –, aber der Körper, in dem wir jetzt leben, ist sehr sicher irgendwann einmal weg.

Warum haben wir dann solche Angst, uns mit dem eigenen Tod auseinanderzusetzen? Es sollte doch eigentlich etwas Natürliches sein.

Ich habe selbstverständlich auch Angst. Es ist allerdings eher, dass ich Angst vor dem Sterben habe und nicht direkt vor dem Tod. Ich habe konkret Angst, dass ich während des Sterbeprozesses lang- oder auch kurzfristig Schmerzen erleiden muss. Davor habe ich Angst. Davor, dass ich eines Tages tot bin, habe ich hingegen weniger Angst.

Zudem bin ich manchmal etwas traurig, dass ich irgendwann alle meine Lieben hinter mir lassen muss. Hin und wieder schaue ich mir meinen 12-jährigen Sohn an und denke, dass ich ihn eines Tages zurücklassen und er dann ohne mich weiterleben muss. Das macht mich traurig und ich hoffe sehr, dass dieser Moment noch in sehr weiter Ferne ist.

Ich glaube, häufig ist es auch die Unwissenheit, die zu diesem Thema besteht. Wenn wir beruflich oder privat nichts mit dem Thema Sterben zu tun haben, beschäftigen wir uns kaum damit, was beim Sterben eigentlich passiert. Was passiert mit dem Körper? Und noch ungewisser ist, was nach dem Tod passiert. Was passiert mit der Seele? Leben wir im Jenseits weiter? Verschwinden wir komplett? Oder erleben wir weitere Leben? Aus dieser Ungewissheit können sowohl Angst als auch Verdrängung des Themas entstehen.

Ich hoffe, mit den Informationen aus diesem Buch und auch weiteren Recherchen, die du daraufhin anstellst, näherst du dich diesem Thema weiter an und vielleicht nimmt es dir etwas die Angst und Hilflosigkeit.

Meine Motivation: mein Sohn Julian

Der Grund, dass ich mich intensiv mit dem Thema Sterben auseinandergesetzt habe, ist unser kleiner Sohn Julian.

Er wurde im Oktober 2013 zehn Wochen zu früh geboren. Die Frühgeburt war das eine, zum anderen hatte er darüber hinaus noch weitere unklare Probleme. Der kleine Kerl lag also in seinem Brutkasten und wog knapp über ein Kilogramm. Nimm mal eine Packung Zucker in die Hand, dann hast du eine grobe Vorstellung davon, wie leicht er war. Außerdem konnte er ungefähr nichts.

Er wurde voll beatmet, weil er es selbst nicht konnte. Er wurde über eine Sonde ernährt, weil er nicht schlucken oder saugen konnte. Auch seine Muskeln funktionierten nicht so richtig. Die Beine konnte er ein bisschen bewegen. Seine Arme waren nahezu unbeweglich. Sie lagen neben ihm und er konnte maximal einen Finger bewegen. Das wurde in den ersten Wochen auch nicht wesentlich besser.

Zu allem Überfluss hatte ein Spezialist noch prophezeit, dass er eine Muskelerkrankung hat, bei der nichts mehr käme und er daher maximal zwei Jahre alt werden würde. Uff!

Als wir diese Diagnose damals bekamen, wurde uns der Boden unter den Füßen weggezogen. Alle Träume und alle Vorstellungen, die wir vom Leben hatten, lösten sich in Luft auf.

Die ersten Tage danach waren sehr schmerzhaft. Ich hatte körperliche Schmerzen, weil unser komplettes Leben auf dem Kopf stand und wir nicht wussten, wie es weitergeht.

Und dann befanden wir uns plötzlich im Jetzt. Es gibt einen Spruch: „Der Wert des Lebens steigt, je weniger Zeit uns bleibt." Ich kann diesen Spruch so bestätigen. Wir hatten begonnen, die Zeit mit unserem Sohn zu genießen. Wir hatten viel mit ihm gekuschelt, ihm vorgesungen und alles gemacht, was möglich war. Er lag zu dem Zeitpunkt auf einer Intensivstation. Wenn wir bei ihm waren, blieb für uns die Zeit oft einfach stehen. Wir hatten im Moment gelebt.

Wenn wir nicht bei ihm waren, war es viel schwerer. So begann ich mich damals damit auseinanderzusetzen, was Leben eigentlich ist. Ich fragte mich, welches Leben lebenswert ist. Was ist wichtig im Leben?

Die Diagnose hatte sich bei unserem Sohn glücklicherweise nicht bestätigt. Er ist mittlerweile über sieben Jahre alt, kann sich in seinem Rollstuhl fortbewegen und geht zur Schule. Er kann nach wie vor nicht schlucken, wird nachts beatmet und benötigt rund um die Uhr Hilfe. Er kann aber so viel mehr als ursprünglich gedacht. Das Beste ist, dass er seine ursprüngliche Prognose weit übertroffen hat.

Da er allerdings nach wie vor gefährdet ist, nicht so alt wie andere Menschen zu werden, sind wir Mitglied im Ambulanten Kinder- und Jugendhospizverein. Da sind wir zwangsläufig damit konfrontiert, dass auch Kinder lebensverkürzend erkrankt sind und früher sterben können.

Ab und an sprechen wir mit Ärzten, die sagen: „Sie wissen ja, dass Ihr Sohn nicht so alt wird." Ich denke oft und sage es auch manchmal: „Zum Glück wissen wir ja alle nicht, wann es vorbei ist. Ich kann gleich auf die Straße treten und von einem Auto überfahren werden. Dann ist es auch vorbei." Diese Aussage, dass unser Sohn nicht so alt wird, führt in meinen Augen zu nichts. Ich kann mich nicht darauf vorbereiten, dass er irgendwann nicht mehr da ist. Ich weiß nicht, wie es dann sein wird.

Genauso wie ich es vorher nicht wusste, wie es ist, mit einem behinderten Sohn zusammenzuleben. Ich kann mich genauso wenig darauf vorbereiten wie eine Mutter, deren Kind durch einen Unfall überraschend ums Leben kommt oder dadurch schwerstbehindert wird. Was soll ich denn tun? Soll ich den ganzen Tag traurig sein, weil es irgendwann vorbei ist? Ich liebe meinen Sohn deshalb nicht weniger und wir genießen die Zeit sehr intensiv.

Wenn ich meinen Sohn beobachte, mit welcher Hingabe er am Keyboard sitzt und auf seine persönliche Weise spielt, habe ich den Eindruck, dass er viel intensiver und glücklicher lebt als manch Normalsterblicher.

Davon handelt dieses Buch auch: vom Glück des Lebens.

> *„Es kommt nicht darauf an, dem Leben mehr Tage zu geben – sondern den Tagen mehr Leben."*
>
> *Cicely Saunders –*
> *Begründerin der modernen Hospizbewegung*

Das ist der Leitspruch des Deutschen Kinderhospizvereines und ich finde ihn sehr treffend.

Übung: Gedanken zu deiner Sterblichkeit

Ich wünsche mir, dass das Thema der Sterblichkeit raus aus der Tabuzone kommt und wir es feiern, dass wir sterblich sind. Ich wünsche mir, dass wir beginnen, unser Leben so zu leben, wie wir es wirklich wollen. Ich hoffe sehr, dass ich mit diesem Buch ein wenig dazu beitragen kann.

Notiere gerne deine Gedanken zu den folgenden Fragen in dein Tagebuch:

- Hast du dich bereits mit deiner eigenen Sterblichkeit beschäftigt?
- Bist du bereits mit deiner eigenen Sterblichkeit konfrontiert worden?
- Hast du Angst vor dem Tod?
- Hast du Angst vor dem Sterben?
- Richtest du dein Leben danach aus, dass es endlich ist?
- Wie möchtest du am Ende deines Lebens über dein Leben denken?

Lass es beim Schreiben fließen. Notiere dir jeden Gedanken, der in dir entsteht.

Wenn du mit dem Schreiben fertig bist, empfehle ich dir, eine Pause einzulegen. Ich würde dir empfehlen, pro Tag ein Kapitel zu bearbeiten, um die Gedanken und Übungen gut verarbeiten zu können. Nimm dir die Zeit, die du brauchst.

Kapitel 2 – Dein Leben ist eine Sandburg – Was passiert beim Sterben?

*„Nichts ist gewisser als der Tod,
nichts ungewisser als seine Stunde."*

Anselm von Canterbury

In diesem Kapitel beschäftigen wir uns damit, wie wir Sterben begreifen können, wann wir sterben und was beim Sterben passiert. Zum Abschluss machen wir eine kleine Übung, bei der du gedanklich an dein Lebensende reisen kannst.

Dein Leben ist eine Sandburg

Laut Definition drückt Sterben aus, dass „etwas – möglicherweise auch langsam – zugrunde geht, immer weniger wird".

Um das Sterben greifbarer zu machen, möchte ich das Bild der Sandburg verwenden.

Kannst du dich erinnern, wann du das letzte Mal eine Sandburg gebaut hast? Bei mir ist es noch gar nicht so lange her. Vor ein paar Jahren hat mir das Bauen von Sandburgen viel Spaß gemacht und meine Kinder hatten natürlich auch viel Freude daran. Wir haben den Sand aufgehäuft, Gräben gezogen, Türme erstellt, kunstvolle Wege angelegt, alles mit Muscheln und angeschwemmten Holzstücken oder Algen verziert und uns richtig viel Mühe gegeben.

Der Prozess endete immer gleich: mit der Zerstörung der Burg.

Entweder wurde sie plötzlich zerstört, weil eine große Welle heranrollte oder weil wir es lustig fanden, sie anschließend mit viel Schwung selbst zu zerstören.

Oder sie ging allmählich über die nächsten Tage kaputt. Schon am nächsten Tag zerfloss die Burg, verlor die Deko und die Gräben fielen mit Sand zu, dann waren nur noch kleine Hügel zu sehen und spätestens nach ein paar Tagen war die Burg wieder dem Sandboden gleichgemacht.

Während des Bauens habe ich mich oft gefragt, was daran eigentlich so viel Spaß macht. Wir bauen aufwendig eine Burg mit dem Wissen, dass sie nicht lange existieren wird.

Nach kurzer Zeit ist die Burg zerstört und nicht mehr vorhanden. Dennoch geben wir uns so viel Mühe und bauen eine richtig schöne Burg.

In diesem Prozess sehe ich viele Parallelen zu unserem Leben. Wir bauen kunstvoll ein komplettes Leben auf: wir wachsen heran, wir lernen, wir arbeiten, wir bauen uns eine Existenz auf, verdienen Geld, bauen Häuser, sichern unsere Nachkommenschaft, versuchen, uns gesund zu ernähren, machen Sport, streiten uns und lieben uns. Wir machen alle Aktivitäten sehr kunstvoll.

Am Ende kommt entweder die Welle, z. B. in Form eines Unfalls, und wir verschwinden plötzlich. Oder es dauert länger, weil wir aufgrund einer schweren Krankheit oder aufgrund des Alters über einen Zeitraum hinweg schwächer werden. Am Ende sind wir tot, die Lebendigkeit verlässt unseren Körper und der Körper verwest. Wie die Sandburg ist der Körper am Ende dem Erdboden gleichgemacht.

Asche zu Asche.

Was übrig bleibt, sind Menschen mit Erinnerungen an uns und Projekte oder auch Gegenstände, die wir erschaffen haben. Das meiste davon verblasst im Laufe der Zeit. Es gibt ein paar wenige Menschen, deren Gegenstände, Projekte und Erinnerungen sich über mehrere Hundert Jahre halten. Das ist allerdings nur bei einem kleinen Bruchteil der Menschen. Bei den meisten Menschen wird sich nach ca. 100 Jahren niemand mehr an sie erinnern. Je nachdem, wie gut wir zukünftig darin sind, Erinnerungen langfristig abzuspeichern, besteht vielleicht für einige wenige von uns die Chance, dass sich in 5000 Jahren jemand an uns erinnert. Doch was ist in 10 000 Jahren oder in 100 000 Jahren?

Erdzeitgeschichtlich gesehen sind wir Menschen ein Mini-bruchteil auf dieser Erde. Somit sind irgendwann Erinnerungen an jeden Menschen ausgelöscht. Unabhängig davon, wie bedeutsam er aktuell ist oder wie bedeutsam seine Erfindungen sind.

Dennoch leben wir, bauen unser Leben auf und versuchen, Bedeutung in unser Leben zu bekommen.

Was heißt das nun? Sollten wir den Kopf in den Sand stecken, weil unter einem langen Zeitraum gesehen alle unsere Bemühungen bedeutungslos sind?

Ich denke nicht: Der Weg ist das Ziel.

Wie bei der Sandburg geht es um den Prozess des Aufbauens. Es geht darum, sich daran zu erfreuen, was man erschaffen hat. Bei einem Gemeinschaftsbau geht es auch um die Menschen, die mitgemacht haben, und vielleicht auch um die Bewunderung von anderen Menschen.

Daher lohnt es sich besonders, auf dem Weg die Augen aufzuhalten, um die großen, aber besonders auch die kleinen Freuden wahrzunehmen.

Wir sind Reisende und nur zu Gast auf dieser Erde. Daher sollten wir versuchen, das Beste aus der Reise zu machen.

Wann sterben wir?

Ich empfinde es als Glück, dass niemand genau weiß, wann er stirbt. Diejenigen, die den Freitod wählen, an dieser Stelle ausgenommen.

Verlässliche Prognosen zum Todeszeitpunkt sind nahezu nicht möglich. Unser Sohn ist bereits das beste Beispiel: Er sollte nur zwei Jahre alt werden und ist nun fast acht Jahre alt. Mittlerweile gibt es sogar Heilungschancen für die Krankheit, die ursprünglich bei ihm diagnostiziert wurde. Die Rahmenbedingungen und auch die Möglichkeit von lebensverlängernden Maßnahmen ändern sich rasant. Bei vielen anderen schwer kranken Menschen können selbst die besten Mediziner nicht vorhersagen, wie viele Wochen, Monate oder Jahre dem Betroffenen bleiben.

Vorhersagen für einen natürlichen, altersbedingten Tod sind noch ungenauer. Es gibt Statistiken, die eine durchschnittliche Lebenserwartung vorhersagen; das ist der Durchschnitt! Das bedeutet, ein Teil wird wesentlich älter und ein anderer Teil stirbt früher. Tendenziell lebt man mit gesunder Ernährung, ausreichend Schlaf, sportlicher Betätigung, und wenn man in einer glücklichen Beziehung ist, länger. Genauso gut gibt es Beispiele von Menschen, die als starke Raucher 100 Jahre alt wurden. Wir können also nur vage Vermutungen anstellen, wie alt wir werden.

Anders hingegen ist der genaue Zeitpunkt des Todes, wenn der Sterbende selbst nur noch wenige Tage oder Stunden zu leben hat.

Zur Vorbereitung auf dieses Thema habe ich verschiedene Bücher zum Sterben gelesen. Besonders faszinierend fand ich das Buch „Sterben – Warum wir einen neuen Umgang mit dem Tod brauchen" des Palliativmediziners Matthias Gockel. Dort beschreibt er, dass Menschen, die z. B. auf der Palliativstation im Sterben liegen, die Stunde bzw. Minute ihres Todes bestimmen können. Das gilt für den Fall, wenn es ein langsamer Sterbeprozess ist.

Es gibt Menschen, die warten noch den Besuch eines nahen Angehörigen ab oder warten darauf, dass die Angehörigen das Zimmer verlassen, um allein zu sterben.
Die Erzählungen deuten darauf hin, dass wir im Falle eines natürlichen Todes in einem gewissen Zeitfenster noch die Wahl haben, wann wir genau gehen. Ich finde das unglaublich faszinierend.

Im Buch „Uhren gibt es nicht mehr" von André Heller beschreibt seine alte Mutter, dass sie einen Durchschlupf entdeckt hat. Einen Ausgang, durch den ihre Seele aus dem Körper gehen kann. Die Dame scheint also den Ausgang schon gefunden zu haben. Kurz danach ist sie tatsächlich gestorben.

Wie geht es dir mit diesen Überlegungen?

Mir persönlich gefällt die Vorstellung, dass ich am Ende entscheiden kann, wann ich genau gehen kann.

Was passiert beim Sterben?

Schauen wir uns die letzten Tage und Stunden eines Lebens auf körperlicher Ebene an. Die Reihenfolge, was im Körper passiert, ist von Mensch zu Mensch verschieden.

Folgende Phasen können beobachtet werden:

- Das Bewusstsein des Menschen zieht sich immer weiter zurück. Die Wachphasen werden kürzer. Der Mensch wirkt immer häufiger abwesend und in sich gekehrt. Häufig hat er zu diesem Zeitpunkt bereits Frieden damit geschlossen, dass sein Ende naht.
- Der Körper verbraucht weniger Energie. Hunger und Durst nehmen ab und der Körper trocknet aus. Es werden Opiate gebildet, die schmerzlindernd wirken. In dieser Phase ist es eher kontraproduktiv, dem Sterbenden Wasser zu geben, da dadurch die schmerzlindernde Funktion herabgesetzt wird und der Mensch mehr leidet.
- Im Gesicht entsteht das sogenannte Todesdreieck zwischen Mund und Nase. Der Bereich wird fahl und blau oder auch gräulich. Das Aussehen des Menschen verändert sich dadurch.
- Kleine Gefäße werden nicht mehr durchblutet und die Muskeln erschlaffen. Daher steht häufig der Mund offen.
- Die Blutversorgung konzentriert sich auf die wichtigen inneren Organe, daher werden Füße und Hände kalt. Die Beine können marmoriert aussehen oder die Finger blau anlaufen.

- Durch Veränderung des Stoffwechsels verändert sich auch der Geruch des Sterbenden. Es gibt Pflegefachkräfte, die am Geruch erkennen können, dass jemand im Sterben liegt.
- Die sogenannte Rasselatmung entsteht, da der Schleim in der Lunge nicht mehr richtig abgehustet oder heruntergeschluckt werden kann. Das hört sich für die Umstehenden seltsam an, den Sterbenden selbst stört es nicht.
- Das Herz hört auf zu schlagen. Ohne Sauerstoff sterben innerhalb von wenigen Minuten die Gehirnzellen ab. Zu diesem Zeitpunkt fluten Neurohormone unkontrolliert das Gehirn. Bisher weiß niemand, wie sich das anfühlt.

Dann ist der Mensch tot.

Menschen, die durch Krankheit oder wegen Alter sterben, sind häufig zum Ende hin friedlich und ausgeglichen.

Übung „Reise gedanklich zu deinem Todeszeitpunkt"

Suche dir für diese Übung einen ruhigen Platz. Wenn du möchtest, nimm dir etwas zu schreiben zur Hand. Du kannst den folgenden Text Abschnitt für Abschnitt durchlesen, schließe anschließend deine Augen und stelle es dir für einen Moment vor.

Atme ein paar Mal tief ein und aus. Dann schließe für einen Moment deine Augen und lass deinen Atem ruhiger werden. Stell dir vor, dass du mit dem Ausatmen immer ruhiger wirst und in dich hineinsinkst.

Wir reisen nun in deine Zukunft. Stell dir vor, dass du richtig alt wirst, z. B. 100 Jahre alt. Versetze dich gedanklich in die Lage, dass du eine alte Frau bzw. ein alter Mann bist.

Stell dir vor, dass du als alte Frau bzw. als alter Mann im Bett liegst und spürst, dass dein Ende naht.

Schließe die Augen und stell es dir einmal vor.

Du hast dein Leben hinter dir. Du spürst, dass deine letzten Stunden hereingebrochen sind.

Fühle einmal in dein Herz. Was spürst du?

Wie fühlst du dich?

Gehst du dem Tod mit innerem Frieden entgegen?

Oder bist du unruhig?

Hast du das Gefühl, noch nicht alles geschafft zu haben?

Hast du Angst?

Oder hast du Wut, weil du gehen musst?

Oder spürst du Zufriedenheit?

Spürst du Glück?

Fühlst du Dankbarkeit?

Nimm an, welche Gefühle in dir hochkommen.

Spüre ein paar Minuten zu allen Gefühlen, die bei der Vorstellung entstehen, dass du als alte Frau bzw. als alter Mann deine letzten Momente auf der Erde und deine letzten Atemzüge erlebst.

Verweile einen Moment bei diesen Gefühlen.

Stell dir nun vor, dass eine gute Fee vorbeikommt. Sie schwingt ihren Zauberstab und bringt dich zurück in dein jetziges Leben und in deinen jetzigen Körper.

Atme ein paar Mal tief ein und aus.

Belebe deinen Körper. Recke und strecke dich.

Erinnere dich an die Übung. Wenn du möchtest, notiere dir alle Gefühle und Gedanken, die während dieser Reise hochkamen. Nimm alle Gefühle an, die du wahrgenommen hast. Das gilt sowohl für die positiven als auch für die negativen Gefühle und Gedanken.

Für den Fall, dass du viele negative oder auch mulmige Gedanken hattest, als du dich mit deinem eigenen Tod beschäftigt hast, habe ich eine richtig gute Nachricht für dich: Du bist jetzt an einem Punkt, an dem du es noch verändern kannst. Mit den Übungen in diesem Buch kannst du einen weiteren wichtigen Schritt machen.

Hat die Oma keine Beine mehr?

Vor einiger Zeit starb die Oma einer Freundin von mir. Ihr vierjähriger Sohn konnte sich von der Oma nicht mehr verabschieden, also beschloss sie, ihn zur Oma auf dem Sterbebett mitzunehmen. Zunächst gab es eine Diskussion darüber, warum sie überhaupt zur Oma fahren könnten, wo die Mama doch kurz vorher erklärt hatte, dass die Oma nun im Himmel ist und als Engel auf sie aufpasst. Als er vor dem Bett der Oma stand, schaute er sie sehr interessiert an: „Sie sieht aus, als würde sie schlafen", „Warum hat sie die Augen denn nicht zu?", und als er sie anfasste: „Hui, ist sie kalt." Seine Mutter konnte ihm alles gut erklären.

Die Oma war vorher schon länger krank und lag daher auf einem luftgepolsterten Bett. Die Luft war mittlerweile abgelassen. Der füllige Oberkörper nahm den oberen Bereich des Bettes ein. Die Beine hingegen sanken tief ins Bett hinein, sodass sie kaum noch zu sehen waren.
Er fragte: „Warum hat die Oma keine Beine mehr? Sind die Beine schon im Himmel?" Was für eine faszinierende und wunderbar kindliche Vorstellung: Die Oma löst sich nach und nach auf und verschwindet im Himmel. Sie haben anschließend überprüft, dass die Beine noch da sind.

Auch als Erwachsener ist es nicht so einfach, sich vorzustellen, was mit dem Menschen, der kurz vorher noch quicklebendig mit all seinen Erfahrungen und Gedanken da war, nach seinem Tod passiert. Ich persönlich konnte noch nie glauben, dass nach dem Tod einfach nichts kommt. Mit diesen Möglichkeiten beschäftigen wir uns im nächsten Kapitel.

Kapitel 3 – Die Idee von mehreren Leben

*„Was die Raupe Ende der Welt nennt,
nennt der Rest der Welt Schmetterling."*

Laotse

In diesem Kapitel beschäftigen wir uns mit der Seele und der Unsterblichkeit der Seele. Du lernst Samsara aus dem Yoga kennen – das ist der ewige Kreislauf von Geburt, Leben und Sterben.

Kreislauf von Leben und Tod

Im vorherigen Kapitel hatten wir uns mit der körperlichen Ebene des Sterbens beschäftigt. In diesem Kapitel beschäftigen wir uns mit der Seele beim Sterben.

In der Tradition des Yoga leben wir mit unserer Seele nicht nur ein Leben, sondern viele Leben. Wir kommen auf die Welt, leben einen Zyklus, gehen von der Welt und werden irgendwann wiedergeboren.

Ich habe schon, bevor ich die Yogaphilosophie kennengelernt habe, darüber nachgedacht, ob wir nach dem Tod komplett verschwinden oder ob ein Teil von uns übrig bleibt.

Die erste Antwort lieferte damals die Kirche mit dem Himmel. Als Mädchen hatte ich die Vorstellung von einem Himmel, den ich mir so erschaffen kann, wie ich es möchte. Ich habe mir vorgestellt, dass ich die Menschen wieder treffen kann, die vor mir gegangen sind. Es hat mich sehr beruhigt. Allerdings fand ich das Konzept der Hölle nicht besonders gut und einleuchtend. Im Laufe meiner Yogapraxis bin ich in diese Vorstellung erneut eingetaucht und habe mich mehr damit beschäftigt. Die Vorstellung, dass das Sterben lediglich ein Übergang in eine andere Existenz ist, gefällt mir sehr.

Um es mit den Worten von Elisabeth Kübler-Ross zu sagen:

> *„Der physische Körper ist der Kokon, den wir nur für eine bestimmte Anzahl von Jahren bewohnen. Sobald der Tod eingetreten ist, entsteigen wir dem Kokon und bewegen uns frei wie ein Schmetterling."*

Samsara

Schauen wir uns die Idee von den mehreren Leben genauer an. Im Yoga nennt sich der Kreislauf aus Geburt, Tod und Wiedergeburt „Samsara". Samsara ist ein schier endloser Kreislauf von Geburt, Leben und Tod.

Im Yoga nennt sich der unsterbliche Anteil in uns „Atman". Der Atman entspricht ungefähr der Vorstellung von der unsterblichen Seele. In jedem Leben kann der Atman die unterschiedlichsten Formen und Eigenschaften annehmen, kann die unterschiedlichsten Lernaufgaben und Erkenntnisgewinne haben. Die Existenz kann ein Tier sein oder ein Mensch. Das Leben kann überall auf der Welt sein: Es kann arm oder reich, gut oder böse sein.

Der Atman inkarniert und kommt in einer bestimmten Gestalt auf die Erde. Sein Ziel ist es, die volle Erkenntnis über das eigene Selbst und das Zusammenspiel mit allem zu erhalten. Er möchte also möglichst viel lernen, wissen und erfahren.

Doch in den verschiedenen Leben geht es nicht immer nur vorwärts. Es kann auch Leben geben, die uns im Erkenntnisgewinn und in den Erfahrungen zurückwerfen, und wir brauchen mehrere Leben, um diesen Erkenntnisgewinn und die Erfahrungen wieder zu erlangen. Dieser Kreislauf kann unendlich lange sein und doch ist der unsterbliche Anteil in uns irgendwann am Ziel. Das Ziel im Yoga ist das sogenannte Allbewusstsein. Das Allbewusstsein ist die Verschmelzung aller Seelen. Zu diesem Allbewusstsein sehnt sich der Atman in jedem Leben, in das er inkarniert.

Ich finde diese Vorstellung sehr faszinierend und vielleicht kommt daher die tiefe Sehnsucht, die wir manchmal verspüren. Wir können es glauben oder auch nicht.

Was hilft uns nun diese Überlegung für unser aktuelles Leben?

Ich kann für mich sagen, dass es mich tatsächlich entspannt. Ich bin vom Naturell her ein sehr ungeduldiger Mensch. Ich möchte so vieles erreichen und habe manchmal Sorge, dass meine Zeit gar nicht ausreicht, alles zu schaffen, was mir wichtig ist. Als ich meine Ausbildung zur Yogalehrerin gestartet habe, hatte ich zusätzlich den Druck, besonders spirituell zu sein und möglichst nah an einen erleuchteten Zustand zu kommen. Die Erleuchtung zu erlangen ist das große Ziel vieler Yogis.

Diesen Druck habe ich mir mittlerweile genommen. Ich habe noch sehr viel Zeit, alles zu tun oder auch besonders mal zu lassen und nichts zu tun. Für die Erleuchtung ist auch noch mehr als genügend Zeit.

Übrigens ist es im Grunde unerheblich, ob wir an ein Leben nach dem Tod glauben oder nicht. Letztendlich ist es doch so: Wenn es so sein wird, wie in diesem Kapitel beschrieben, klingt das nach einer wunderschönen Möglichkeit, weiterzuexistieren. Und wenn es nicht so sein wird, wird es einfach schwarz und unser Bewusstsein ist weg. Das ändert nichts daran, woran ich vorher geglaubt habe und wovon ich überzeugt war. Mir hilft die Vorstellung, dass es weitergeht, wirklich sehr, mein Leben aktiv zu leben. Im Grunde ist es der Sinn des Lebens, dass wir mit vollem Bewusstsein und Elan unser Leben gestalten.

Übung „Viele Leben für dich"

Ich lade dich zu folgender Übung ein:

Stell dir einmal vor, du lebst mehrere Leben. Jedes Leben ist ein Neustart für dich. Du beginnst von vorne und kannst dein Leben neu leben. Es gibt nur einen Unterschied: Du kannst dich an alle Erfahrungen und Erkenntnisse, die du jeweils im Vorleben erworben hast, komplett erinnern und du kannst darauf aufbauen. Beantworte die folgenden Fragen:

- Was würdest du in jedem Leben erneut erschaffen?
- Woraus würdest du lernen und im nächsten Leben anders machen?
- Wie würdest du dich fühlen wollen?
- Beschreibe das Ziel, das du haben könntest. Wie würdest du dich im erleuchteten Zustand fühlen, wenn du alles verstanden, erfahren und durchdrungen hast? Was für ein Mensch wärst du dann?

Spiele verschiedene Ideen durch und schreibe sie in dein Tagebuch.

Wenn du magst, überlege dir die Antworten auf die folgenden Fragen:

- Was kannst du aus der Übung für dein aktuelles Leben mitnehmen?
- Was glaubst du, wie es nach dem Leben weitergehen wird?

Notiere deine Gedanken in dein Tagebuch.

Nahtoderfahrungen

Spannend im Zusammenhang mit mehreren Leben finde ich Nahtoderfahrungen. Das sind Erfahrungen von Menschen, die klinisch tot waren und ins Leben zurückgekommen sind. Falls du dich noch nicht damit beschäftigt hast, kann ich es dir nur empfehlen. Es gibt Videos, Filme und wunderbare Bücher zu diesem Thema. Spannend ist, dass sich die Erzählungen sehr ähneln. Das ist unabhängig davon, in welcher kulturellen, religiösen oder gesellschaftlichen Umgebung die Personen aufgewachsen sind. Es ist sogar unabhängig davon, wie alt die Personen sind und ob sie Behinderungen haben, z. B. blind sind.

Sie erleben einen oder mehrere der folgenden Aspekte:

- Sie haben eine außerkörperliche Erfahrung, das heißt, sie können ihren Körper von außen betrachten. Sie sehen auch, was die Menschen um sie herum machen.
- Kurz vor unserem Tod blicken wir auf unser gesamtes Leben zurück. Die Menschen mit Nahtoderfahrung berichten davon, dass ihr Leben wie in einem Film an ihnen vorbeizieht. Sie erleben nicht nur die eigene Sicht der Dinge, sondern können auch wahrnehmen, was andere Menschen in den Situationen gefühlt und erlebt haben. Sie bekommen eine andere Sicht auf die Geschehnisse.
- Anschließend löst sich die Seele vom Leben und geht weiter. Es geht durch eine Art Tunnel, der der Übergang in eine andere Welt ist. Am Ende warten helles Licht und viel Schönheit.
- In diesem Licht sind andere Lichtwesen. Hier ist der Punkt erreicht, an dem man die Schwelle übertritt oder doch wieder zurück ins Leben geht.

Bereits vor vielen Jahren habe ich mit einer damaligen Arbeitskollegin über ihre Nahtoderfahrung gesprochen. Sie hatte einen schlimmen Unfall und war im Licht. Sie beschrieb mir sehr eindrücklich, dass sie eine Begegnung mit einem Lichtwesen hatte, das ihr erklärt hat, dass sie einfach weitergehen könnte, dann würde es einfach sein und alles wäre schön. Oder sie geht zurück. Sie hätte es dann schwerer, aber sie hätte noch nicht alles erledigt, was es zu erledigen gibt. Da ich sie getroffen habe, hat sie sich für den Weg zurück entschieden. Seit diesem Zeitpunkt lebt sie ihr Leben viel bewusster und mit dem Wissen, dass es nach dem Tod schön weitergeht.

Das Schöne, das uns erwartet, ist nicht mehr in unserem normalen Bewusstsein. Es gibt verschiedene Ideen, wie es weitergeht. Es gibt die Vorstellung, dass wir an einem wunderschönen Ort existieren. Es ist ein Ort der Reflexion des Lebens, ein Ort der Gemeinschaft mit anderen Seelen und ein Ort der Entspannung. Dort kann die Seele sich von den Strapazen des Lebens und des Sterbens erholen.

Anschließend könnte es zwei Möglichkeiten geben:

Entweder hat die Seele noch nicht alles gelernt und geht zurück in eine weitere Inkarnation. Sie bereitet sich darauf vor und entscheidet gemeinsam mit ihren geistigen Führern und Lichtwesen, was die Lernaufgaben für das nächste Leben sein könnten.

Oder es gibt die Vorstellung, dass die Seele mit allen anderen Seelen verschmilzt und in einem Allbewusstsein existiert. Die Seele löst sich auf und die Erfahrungen aus den verschiedenen Leben gehen in das Allbewusstsein aller Seelen über. Ich stelle mir das wie eine große Cloud aller Seelenerfahrungen vor.

Kapitel 4 – Tue alles eines Tages zum letzten Mal

„Jeder Augenblick im Leben
ist ein Schritt zum Tode hin."

Pierre Corneille

Unser Sterben beginnt mit unserer Geburt. Wir geben Leben, um zu sterben. In diesem Kapitel tauchen wir in das Gedankenexperiment ein, dass wir alles eines Tages ein letztes Mal tun werden. Lass dich durch dein Leben führen und lass los, was du hinter dir gelassen hast.

Lebenslanges Sterben

In diesem Kapitel möchte ich dich auf ein Gedankenexperiment mitnehmen. Es geht um das lebenslange Sterben. Vielleicht klingt das für dich auf den ersten Blick etwas seltsam. Doch es ist tatsächlich so, dass wir jeden Tag ein Stückchen sterben und so unserem Ende mit jedem Tag ein bisschen näherkommen.

Wenn du Kinder hast, könntest du mir bestimmt sagen, wann dein Kind ungefähr das erste Mal Mama oder Papa zu dir gesagt hat. Wann es zum ersten Mal gelaufen ist, wann es zum ersten Mal Fahrrad gefahren ist und wann es den ersten Liebeskummer hatte.

Aber wann hast du deinem Kind das letzte Mal abends im Bett ein Buch vorgelesen? Das letzte Mal die Windel gewechselt? Das letzte Mal den Popo abgeputzt? Das letzte Mal zur Schule gebracht? Die Liste könnten wir unendlich fortsetzen.

Das „letzte Mal" ist ein schleichender Prozess, wir wissen in den seltensten Fällen, wann wir das letzte Mal etwas gemacht haben.

Als ich diese Erkenntnis hatte, war mein Leben als Mama viel entspannter. Wir haben viele Dinge, die wir unzählig oft machen und die uns auch nicht immer Spaß machen. Doch wir machen sie, weil wir sie für die Entwicklung unserer Kinder wichtig finden.

Ich zum Beispiel hatte abends oft keine Lust mehr, noch etwas vorzulesen. Ich war sehr müde und wollte auf dem Sofa den Feierabend einläuten. Doch mit dieser Überlegung, dass es irgendwann vorbei sein wird, konnte ich mich jeden Abend erneut darauf einlassen.

Ab diesem Moment konnte ich die Vorlesezeit viel mehr genießen. Ich genoss das Ankuscheln, die Zweisamkeit, die Gemütlichkeit, später auch die spannenden Geschichten, nach dem Lesen noch die vertrauten Gespräche und das Gute-Nacht-Sagen. Mittlerweile ist mein Sohn so alt, dass er abends nun selbst liest. Obwohl ich die Erkenntnis hatte, dass es irgendwann vorbei ist, kann ich mich nicht erinnern, wann das letzte Vorlesen war.

So ist es mit vielen Aspekten in unserem Leben. Das gilt sowohl für die Erlebnisse mit unseren Kindern, aber natürlich auch ganz besonders für unsere eigenen Erlebnisse.

Du hast viele Phasen deines Lebens bereits hinter dir gelassen, bis zu dem Punkt, an dem du jetzt bist. Du hast viele Lebensabschnitte losgelassen. Jedes Loslassen ist ein kleines Sterben.

Unser Sterben beginnt mit unserer Geburt.

Wir geben Leben, um zu sterben.

Übung „Rückschau deines Lebens"

Ich möchte dich zu einer Übung einladen, bei der wir in dein Leben zurückschauen. Wenn du noch jünger bist oder einige der beschriebenen Situationen noch nicht erlebt hast, dann stell dir andere Situationen vor, die du schon hinter dir gelassen hast. Nimm für die Übung dein Tagebuch zur Hand und notiere dir gerne nach jedem Absatz die Gedanken und Gefühle, die in dir hochsteigen. Ich empfehle dir, nach jedem Abschnitt die Augen für einen Moment zu schließen und dir die Situation vorzustellen.

Reise einmal dein komplettes Leben zurück. Reise gedanklich Jahre bzw. Jahrzehnte zurück bis in deine Zeit als junger Erwachsener, dann als Jugendlicher, als Kind, als Baby und schließlich bis in den Bauch deiner Mutter, bevor du geboren wurdest. Vor der Geburt warst du über die Nabelschnur mit deiner Mutter verbunden. Ihr in vollständiger Symbiose verbunden. Es war warm und du fühltest dich geborgen. Stell es dir für einen Moment vor.

Dann wurdest du geboren. Du kamst in die Welt und in das Licht der Welt. Du hattest deinen ersten Atemzug auf dieser Welt. Zu diesem Zeitpunkt beginnt dein Sterben und dein Loslassen. Das erste Loslassen war die Abnabelung von deiner Mutter. Die Nabelschur wurde durchtrennt und du warst nicht mehr direkt verbunden. Spüre einen Moment in dich hinein und stell dir das erste Loslassen vor. Wenn du magst, schreibe deine Gedanken direkt in dein Tagebuch.

Das erste Jahr wurdest du getragen, in den Armen gewogen und gehalten. Du warst eins mit den Menschen, die dich großgezogen haben. Reise zu dem Moment, an dem du laufen gelernt hast. Du standest auf wackeligen Beinchen und hast die ersten Schritte gemacht. Das waren die Schritte als Kleinkind. Mit diesen Schritten hast du die Babyzeit hinter dir gelassen und losgelassen. Stell dir den Moment des Loslassens vor.

Reise zu deiner Zeit als Kind im Kindergarten. Du hast mit anderen Kindern gespielt und viel erlebt. Irgendwann kam der letzte Tag im Kindergarten. Das war erneut ein kleiner Tod in deinem Leben. Du hast die Kindergartenzeit hinter dir gelassen. Spüre zu diesem Zeitpunkt.

Anschließend bist du in die Schule gekommen. Vielleicht haben die Erwachsenen zu dir gesagt, dass du nun ein großes Mädchen bzw. ein großer Junge bist.

Erinnere dich an die Jahre deiner Schulzeit. Erinnere dich an die schönen Momente und vielleicht auch an die weniger schönen Momente deiner Schulzeit.

Eines Tages war auch die Schulzeit zu Ende. Du hast sie hinter dir und losgelassen. Sie war vorbei. Vielleicht warst du traurig oder froh darüber. Nimm es an, wie es sich jetzt anfühlt.

Erinnere dich an deine Zeiten der Ausbildung, des Studiums oder eine andere intensive Phase des Lernens. Du hast neue Menschen kennengelernt, neue Fertigkeiten und Fähigkeiten erlernt. Erinnere dich daran.

Eines Tages war auch diese Zeit vorbei. Du hast sie hinter dir gelassen. Lenke die Aufmerksamkeit zum Loslassen dieser Phase.

Erinnere dich an den Auszug aus dem Haus, in dem du aufgewachsen bist. Erinnere dich an den Moment, an dem du auf eigenen Beinen standest und für dich gesorgt hast. Diese Zeit war wieder ein großer Schritt in deinem Leben. Du hast wieder losgelassen.

Erinnere dich an eine Phase im Beruf, die du hinter dir gelassen hast. Du hast viel investiert und dich um deine Arbeit gekümmert. Irgendwann war auch diese Phase vorbei. Du hast sie hinter dir gelassen, weil das Projekt zu Ende war, weil du den Job gewechselt hast oder aus anderen Gründen. Spüre zu den Momenten des Loslassens.

Erinnere dich als Nächstes an frühere Freundschaften oder Beziehungen, die vorbei sind. Erinnere dich an die Menschen, die dich eine Zeit lang in deinem Leben intensiv begleitet haben. Auch diese Momente hatten irgendwann ein Ende. Vielleicht war es ein schleichendes Ende. Vielleicht war es ein plötzliches Ende. Stell dir dieses Ende vor und lass es bewusst los.

Erinnere dich an weitere Momente in deinem Leben, die du hinter dir gelassen hast. Vielleicht erinnerst du dich an deine Hochzeit, das Aufwachsen deiner Kinder, vielleicht den Tod eines lieben Menschen oder an einen größeren Umzug. Wandere gedanklich durch dein Leben und erinnere dich daran. Jede Situation hatte besondere Elemente und war am Ende auch ein Abschied von einer Zeit, die davor lag.

Spüre zum Abschluss der Übung in dich hinein, wie du dich fühlst. Bist du traurig, stolz, dankbar oder frustriert? Nimm die Gefühle an, die in dir hochkommen. Sie sind ein Teil deines Lebens und deiner Vergangenheit. Notiere dir auch diese Gefühle in deinem Tagebuch.

Schließe bewusst mit deiner Vergangenheit ab. Sie liegt nun hinter dir. Du bist im jetzigen Moment.

Jetzt ist dein Leben.

Atme einmal tief ein und nimm bewusst den jetzigen Moment wahr.

Mit dem Atem bist du im Jetzt.

Spüre deinen Körper.

Spüre deinen Atem.

Die Vergangenheit loslassen

Denk noch einmal an die Reise zurück. Es gab so viele Momente, die du losgelassen hast. Vermutlich war es dir oft vorher gar nicht so bewusst, dass nun ein Schritt zu Ende geht. Dein Leben wird noch viele Momente haben, in denen du Abschied nimmst. Jeder dieser Momente wird ein kleines Sterben im Leben sein.

Vielleicht kannst du zukünftig solche Momente bewusster wahrnehmen und insbesondere die schönen Momente für den Moment, wo sie da sind, genießen. Konserviere sie in deinem Herzen.

Für den Fall, dass dir diese gedankliche Reise schwergefallen ist und du Themen aus der Vergangenheit hattest, die du schwer loslassen konntest, weil sie für dich zu negativ sind oder weil sie dich zu sehr triggern, kannst du folgende kleine Übung machen:

Nimm einen Zettel und notiere die negative Situation und das Gefühl, das du hast. Schließe deine Augen. Spüre in diese Situation hinein und lass die Gefühle in dir hochkommen. Spüre sie intensiv. Sobald sie in dir präsent sind, nimmst du den Zettel und zerreißt ihn in kleine Stücke. Vielleicht magst du die Gefühle auch kräftig auspusten oder du schüttelst deinen Körper aus. Das kann dir helfen, die negativen Aspekte deiner Vergangenheit loszulassen.

Für den Fall, dass durch diese Übung sehr viele Themen hochgekommen sind, such dir bitte professionelle Hilfe, um mit deiner Vergangenheit abschließen zu können.

Übung: Besuche einen Friedhof

Ich mochte schon als Kind den Friedhof. Ich bin durch die Reihen geschlendert und habe mir ausgerechnet, wie alt die Menschen geworden sind. Außerdem hatte ich mir vorgestellt, wie die Menschen gelebt und was sie gemacht haben. Ich fand und finde dieses gedankliche Spiel nach wie vor spannend.

Zu jedem Namen auf einem Grabstein gab es ein persönliches Leben. Jedes dieser Leben hatte eine individuelle Geschichte mit Höhen und Tiefen. Die Menschen haben gearbeitet, sie haben geliebt, sie hatten positive und negative Themen, um die sie sich gekümmert haben. Vielleicht waren sie verheiratet und/oder haben Kinder in die Welt gesetzt. Kein Leben gleicht dem anderen. Und so ist die Geschichte hinter jedem Grabstein eine individuelle und unverwechselbare Geschichte.

Ich möchte dich gerne animieren, einen Friedhof zu besuchen. Spaziere durch die Reihen, schau dir die Namen an und stell dir vor, was die Menschen zu Lebzeiten erreicht haben. Auf manchen Grabsteinen steht sogar der Beruf oder es gibt ein Foto der Person. Lass deiner Fantasie freien Lauf.

Vielleicht magst du gedanklich noch ein Stück weitergehen. Stell dir deinen Grabstein vor und überlege dir, was die Menschen über dein Leben sagen sollen. Lass deine Gedanken dabei frei laufen. Welche Geschichte über dich würde dir gefallen?

Die Geschichten über dein Leben werden wir im nächsten Kapitel noch weiter vertiefen.

Kapitel 5 – Dein letzter Geburtstag

„Erst Endlichkeit macht Momente wertvoll."

Philipp Wibbing

In diesem Kapitel feiern wir deinen letzten Geburtstag. Reise in deine Zukunft zum Zeitpunkt kurz nach deinem letzten Geburtstag. Schaue und spüre, wie es sich anfühlt und was du erleben wirst.

Wie alt möchtest du werden?

Hast du dir schon mal überlegt, wie alt du werden möchtest? Mein Geburtsdatum besteht aus zwei Schnapszahlen. Daher habe ich mir schon vor einiger Zeit überlegt, dass ich gerne 88 Jahre alt werden möchte. Ich habe auch schon nachgeschaut, wann dieses Datum ist. Es ist ein Samstag und aus der heutigen Sicht auch noch recht lange hin.

Ich rechne mir sogar regelmäßig aus, wie viele Tage es bis zu diesem Datum sind. Aktuell sind es um die 16 000 Tage. Für mich bedeutet das also:

- Noch 16 000-mal aufstehen
- 16 000-mal anziehen
- 16 000-mal die Sonne begrüßen
- 16 000-mal einen Kaffee oder Tee genießen
- 16 000-mal einen tiefen Atemzug tätigen und das Leben begrüßen
- 16 000-mal meditieren

- 15 999-mal schlafen gehen – Der letzte Tag wird der Tag sein, an dem ich sterbe.

Als ich mir zum ersten Mal diese Gedanken gemacht hatte, fand ich es zum einen interessant, wie viel Zeit mir noch bleibt, um die vielen spannenden Projekte in meinem Leben umzusetzen. Zum anderen hat es mir meine Endlichkeit sehr deutlich vor Augen geführt und zunächst mulmige Gefühle in mir hervorgerufen. Mittlerweile habe ich mich an das Gefühl der Endlichkeit gewöhnt und so kann ich es besser nutzen, mein Leben aktiv zu gestalten.

Überlege nun für dich, wie alt du werden willst. Unabhängig davon, wie es dir gesundheitlich aktuell geht.

Schließe dafür gerne einen Moment deine Augen.

Spüre zu deinem Atem.

Komm bei dir an.

Spüre zu deinem Herzen.

Nimm dein Herz in deiner Brust wahr.

Stell deinem Herzen die folgende Frage:

Liebes Herz, wie alt möchtest du werden?

Wenn du eine Antwort hast, öffne deine Augen wieder.

Wenn du keine Antwort hast oder die Antwort nicht eindeutig war, kannst du dir im Internet ausrechnen lassen, was in deinem jetzigen Alter die mittlere Lebenserwartung ist. Rechne dir gerne auch aus, in welchem Jahr dein letzter Geburtstag sein wird. Und wenn du magst, lass dir ebenfalls ausrechnen, wie viele Tage du noch bis zu diesem Datum hast. Such dazu im Internet nach einem Tagerechner.

Schreibe dir die Daten in dein Tagebuch.

Übung: Dein letzter Geburtstag

Ich lade dich gerne zu einer weiteren Übung ein. Wir gehen davon aus, dass du deinen letzten Geburtstag noch feiern und erst danach sterben wirst.

Lege dein Tagebuch bereit. Schreib zunächst das Datum deines voraussichtlich letzten Geburtstages in deinem Leben auf. Du kannst dir den folgenden Text abschnittsweise durchlesen. Notiere dir nach jedem Absatz die Gedanken und Gefühle, die in dir hochsteigen. Ich empfehle dir, nach jedem Abschnitt die Augen für einen Moment zu schließen und dir die Situation vorzustellen.

Wenn du bereit bist, lenke deine Aufmerksamkeit auf deinen Atem. Beobachte den Atem für ein paar Augenblicke. Spüre deinen Atem. Lass ihn fließen.

Schließe für die Atembeobachtung ein paar Augenblicke lang die Augen. Lass dich von deinem Atem in die Ruhe führen.

Wir unternehmen nun eine kleine Reise. Stell dir einmal vor, dass du in die Zukunft reist. Reise zu dem Datum deines letzten Geburtstages. Dem Datum, das du dir eben notiert hast. Stell es dir einfach vor.

Reise noch ein paar Tage weiter. Stell dir vor, du sitzt auf einem gemütlichen Sofa und erinnerst dich an deinen Geburtstag, den du vor ein paar Tagen gefeiert hast.

Du weißt genau, dass deine letzten Tage auf der Erde ange-
brochen sind und du deinen letzten Geburtstag gefeiert
hast. Wie alt bist du geworden?

Erinnere dich an den Morgen deines Geburtstages, als du
morgens aufgewacht bist. Wie hast du dich gefühlt?

Erinnere dich daran, was du am Vormittag gemacht hast.
Hast du Besuch bekommen? War deine Familie da, waren
deine Freunde da oder warst du allein? Wo warst du?

Erinnere dich, was es zum Mittagessen gab. Hast du zu
Hause gegessen oder im Restaurant?

Wie hast du den Nachmittag gestaltet? Hast du zum Kaffee
eingeladen? Wer hat dich besucht? Welche Geschenke hast
du bekommen? Hast du etwas unternommen oder warst du
zu Hause?

Erinnere dich an den Geburtstagsabend. Wie hast du den
Abend verbracht? Gab es eine große Feier oder hast du in
einem kleinen Kreis mit Freunden und Familie gefeiert? Gab
es Musik, Überraschungen, Reden und hast du Geschenke
bekommen? Oder warst du zu Hause? Warst du allein, oder
wer war bei dir?

Erinnere dich an den Besuch des Tages. Wer hat dich besucht an deinem Geburtstag? Wer war von der Familie da? Welche Freunde, Nachbarn und Bekannte haben dich besucht? Lass dich überraschen, wer dir in den Sinn kommt. Sind vielleicht unbekannte Menschen dabei?

Erinnere dich nun daran, wie du an deinem Geburtstagsabend ins Bett gegangen bist. Warst du glücklich und zufrieden mit dem Tag, mit den Erlebnissen und mit dem Besuch?

Schreibe nun gerne noch weiter. Lass es richtig fließen. Schreibe alles auf, was dir in den Sinn kommt. Vielleicht gibt es noch mehr, was nun hochkommt. Schreib alles auf.

Vielleicht erinnerst du dich auch an eine Rede, die du oder jemand anders über dein Leben gehalten hat. Oder du stellst es dir vor, dann schreib auch das auf. Schreib alles auf, was dir in den Sinn kommt.

Zum Abschluss noch eine Frage:

Wie hast du dich gefühlt bei dem Gedanken, deinen letzten Geburtstag zu feiern?

- Ich war traurig.
- Ich war voller Dankbarkeit über mein Leben.
- Ich fand es schrecklich und habe es nicht mitgemacht.
- Mir hat es viel Freude bereitet.

Rückschau zu deinem zukünftigen Leben

Ich lade dich herzlich ein, diese Überlegungen häufiger zu machen. Reise gedanklich in deine Zukunft und schau auf dein Leben zurück.

Du kannst auch deine eigene Grabrede schreiben. Falls dir das zu makaber ist, schreibe deine Rede zum 90. Geburtstag. Du kannst die folgenden Fragen dafür nutzen:

- Wie möchtest du dich am Ende deines Lebens fühlen?
- Wer sollte bei dir sein?
- Was möchtest du erreicht haben?
- Was sollen deine Familie und deine Freunde über dich sagen?
- Wie möchtest du am Ende deines Lebens über dich selbst denken?
- Wann würdest du sagen, dass du ein „erfülltes Leben" hattest? Welche Aspekte gehören für dich dazu?
- Was sind deine Werte im Leben?
- Welche Wünsche hast du an dein Leben?

Schreib alles auf, was dir in den Sinn kommt, unabhängig davon, wie irrational und utopisch es klingt.

Beginne anschließend direkt heute damit, einen Teil von diesen Wünschen und Werten in dein Leben zu integrieren.

Kapitel 6 – Ich packe meinen Koffer ... und auch wieder aus.

„Der Tod ist die Befreiung und das Ende von allen Übeln, über ihn gehen unsere Leiden nicht hinaus; er versetzt uns in jene Ruhe zurück, in der wir lagen, ehe wir geboren wurden."

Lucius Annaeus Seneca

In diesem Kapitel erwartet dich eine intensive Übung zum Loslassen. Packe deine Koffer mit deinen wichtigsten Personen, Dingen und Erlebnissen und komm mit auf eine Reise. Für die Übung benötigst du acht einzelne Zettel.

Vorbereitung: Lass deine Koffer los

In diesem Kapitel beschäftigen wir uns intensiv mit dem Loslassen. Ich möchte dich gerne zu einer Übung einladen.

Für die Übung benötigst du acht Zettel und einen Stift. Achte darauf, dass es acht einzelne Zettel sind, auf die du etwas notieren kannst. Suche dir einen ruhigen Platz, an dem du ungestört bist.

Wir unternehmen eine kleine Reise. Die acht Zettel sind deine Koffer, die wir nun packen werden. In jeden Koffer passt eine Sache und du darfst nur diese acht Sachen mitnehmen. Alles andere musst du zu Hause lassen.

Notiere dir Folgendes auf deine Zettel:

1. Ein Mensch, der dir wichtig ist und den du mitnehmen möchtest. Schreib den Namen auf einen der Zettel.

2. Auf den nächsten Zettel schreibst du eine große Sache, die du besitzt. Der Koffer ist beliebig groß. Du kannst also auch dein Auto, dein komplettes Haus oder deine Wohnung mitnehmen.

3. Auf den dritten Zettel kommt eine kleine Sache, die du besitzt. Vielleicht ist es deine Lieblingstasse, ein besonderes Buch oder ein besonderes Accessoire, das du sehr gerne magst.

4. Auf Zettel Nr. 4 schreibst du ein besonderes Talent oder ein Expertenwissen, das du hast. Vielleicht

etwas, das du über viele Jahre aufgebaut und in das du viel Arbeit hineingesteckt hast.

5. Der fünfte Zettel ist für deinen Job reserviert. Wenn du mehrere Jobs hast, dann wähle einen aus.

6. Auf Zettel Nr. 6 notierst du etwas, das du aufgebaut oder kreiert hast. Das kann etwas in deinem Job oder in der Freizeit sein. Vielleicht hast du ein Baumhaus gebaut, einen Pullover gestrickt, ein Buch geschrieben, ein Unternehmen gegründet oder ein größeres Projekt vorangetrieben. Wähle eine Sache aus und schreibe sie auf den Zettel.

7. Der siebte Zettel ist für dein Haus- oder Lieblingstier reserviert. Wähle es unabhängig davon, ob es aktuell bei dir ist. Wenn du keinen besonderen Bezug zu einem Tier hast, kannst du auch einen zweiten Menschen auswählen, den du mitnimmst.

8. Schreibe schließlich auf Zettel Nr. 8 die Kleidung, die du aktuell trägst.

Du hast nun deine acht Koffer für deine Reise zusammen.

Breite alle Zettel, die deine Koffer symbolisieren, vor dir aus.

Schau sie dir alle an. Bist du zufrieden mit den Menschen, Tieren und Dingen, die du mitnimmst? Möchtest du noch einmal etwas austauschen? Jetzt hast du noch Gelegenheit dazu. Dann kann die Reise beginnen.

Übung: Lass deine Koffer los

Wir starten unsere Reise am Fuße eines Berges an einem Fluss. Freudig aufgeregt stehst du mit deinen acht Koffern am Fluss.

Über den Fluss führt eine Brücke. Die Brücke ist nicht sehr stabil. Du kannst nicht alle Koffer mit über die Brücke nehmen und du musst einen der Koffer zurücklassen.

Schau dir deine acht Koffer an. Welchen kannst du stehen lassen? Wähle ihn aus, verabschiede dich von dem, was dort steht, und zerreiße das Papier.

Die Reise geht mit sieben Koffern weiter. Es geht leicht den Berg hinauf. Anfangs kannst du deine Koffer noch tragen. Doch der Berg wird steiler und du kannst nur noch einen Koffer tragen. Glücklicherweise kommen dir fünf Kofferträger zur Hilfe. Ihr könnt insgesamt noch sechs Koffer tragen.

Schau dir deine Koffer an und wähle einen aus, der zurückbleibt. Zerreiße den Zettel.

Es geht weiter bergauf und es wird steiler und anstrengender. Ihr kommt alle ziemlich ins Schwitzen. Einer der Kofferträger ist so erschöpft, dass er zurückbleiben muss.

Verabschiede dich von ihm und dem Koffer. Zerreiße einen weiteren Zettel.

Es geht mit fünf Koffern weiter bergauf. Bald habt ihr die Baumgrenze erreicht und weiter oben beginnt ein Schneefeld. Am Schneefeld angekommen, muss ein weiterer

Kofferträger mit einem Koffer zurückbleiben, weil er nur Sandalen trägt.

Schau dir deine fünf Koffer an und wähle einen aus. Zerreiße den Zettel.

Mit der Hälfte der Koffer überquert ihr das Schneefeld. Einer der Kofferträger rutscht aus und schliddert zusammen mit dem Koffer den Schneehang wieder herunter.

Schließe deine Augen und wähle willkürlich einen der Koffer aus. Zerreiße den Zettel.

Nun liegen noch drei Koffer vor dir. Schau sie dir einmal an. Wie fühlt es sich an?

Auf diesen drei Koffern stehen die drei wichtigsten Aspekte in deinem Leben.

Lass sie einen Moment auf dich wirken. Bist du überrascht, dass diese drei Elemente übrig geblieben sind, oder war es dir vorher schon klar?

Die Reise geht nun weiter. Nach dem Schneefeld geht es weiter geradeaus. Die Kofferträger können hier nicht weiter mitgehen. Du kannst nur noch zwei der drei verbliebenen Koffer tragen.

Wähle zwei aus und zerreiße den dritten Zettel.

Du gehst nun wieder durch eine wunderschöne blumige Landschaft. Die Strapazen der Anreise liegen hinter dir. Es ist wunderschön und du erfreust dich an deinen beiden Koffern.

Der Weg führt zu einer schmalen Treppe, die nach oben führt. Du versuchst, beide Koffer mit nach oben zu nehmen, doch es gelingt dir nicht. Es bleibt dir nichts anderes übrig, als einen weiteren Koffer stehen zu lassen.

Wähle ihn aus, verabschiede dich und zerreiße den Zettel.

Mit deinem letzten Koffer in der Hand steigst du die Treppe nach oben. Du kommst zu einer wunderschön verzierten Tür. Sie sieht wundervoll und einladend aus. Die Tür öffnet sich und du siehst ein hell strahlendes Licht. Das Licht ist voller Liebe und du möchtest eintreten.

Bevor du das Licht betrittst, entdeckst du ein Schild:

Eintritt nur ohne Gepäck

So lässt du auch deinen letzten Koffer stehen, zerreißt den Zettel und gehst in das Licht, das dich herzlich empfängt.

Auf deiner letzten Reise wirst du alles, was dir lieb und wichtig ist, zurücklassen.

Nachbereitung: Lass deine Koffer los

Diese Übung kann dir zum einen dabei helfen, alles einmal wirklich loszulassen und ohne jegliches Gepäck weiterzugehen. Zum anderen führt sie dir aber auch vor Augen, was dir im Leben wirklich wichtig ist.

Reflektiere die Übung anhand der folgenden Fragen:

- Welchen Koffer hast du als Erstes abgegeben und warum?
- Welches war der Koffer, den du als Letztes noch an der Tür hattest?
- Wovon konntest du dich am schlechtesten trennen?
- Gab es etwas, das du leicht abgeben konntest?
- Denkst du morgens darüber nach, welche Kleidung du trägst? Es könnte die Kleidung sein, mit der du aus dem Leben gehst.

In den nächsten Kapiteln werden wir uns noch weiter mit dem Loslassen beschäftigen. Ich hoffe, dir hat die Übung gefallen.

Zum Abschluss habe ich eine wundervolle Nachricht für dich: Heute ist mit sehr hoher Wahrscheinlichkeit noch nicht der Tag, an dem du alles loslassen musst.

Die Übung habe ich angelehnt an eine Übung aus dem Buch „Das Yoga-Buch vom Leben und Sterben" erstellt. Das Buch kann ich dir sehr empfehlen, um noch tiefer einzusteigen.

Kapitel 7 – Und täglich grüßt das Leben

„Jeder Tag ist ein kleines Leben, jedes Erwachen und Aufstehen eine kleine Geburt, jeder frische Morgen eine neue Jugend und jedes Zubettgehen und Einschlafen ein kleiner Tod."

Arthur Schopenhauer

In diesem Kapitel begrüßen wir bewusst dein Leben. Du kannst dir deine verschiedenen Lebensbereiche und täglichen Routinen anschauen und überlegen, wie du sie besser in dein Leben integrieren kannst.

Verplempere nicht weiter deine Zeit. Beginne zu leben. Jetzt!

Hamsterrad oder aktives Leben?

Kennst du den Film „Und täglich grüßt das Murmeltier"? Ich liebe diesen Film und habe ihn schon Dutzende Male gesehen. Ich finde es so faszinierend, wie Bill Murray als Phil Connors sich durch die Tage navigiert. Phil ist in einer Zeitschleife gefangen. Er erlebt ein und denselben Tag immer und immer wieder. Es ist der 2. Februar, der Murmeltiertag, von dem er als Reporter berichten muss. Es wird sehr schnell klar, dass er diesen Tag, die Stadt und auch die Reportage hasst. Und im Grunde hasst er sich auch selbst.

Somit bekommt er am nächsten Tag eine neue Chance, den Tag zu gestalten. Viele weitere Tage danach bekommt er eine weitere Chance. Zu Beginn erfreut er sich noch daran und probiert alles aus, was auch außerhalb von Moral und Gesetz ist. Er stiehlt Geld, kauft sich ein schnelles Auto, verführt mit ein paar Tricks, die er aufgrund der Zeitschleife nutzen kann, Frauen und geht verschiedenen Vergnügungen nach.

Über die Zeit verliebt er sich in seine Kollegin. Er beginnt sich zu verstellen, um seiner Kollegin zu gefallen und sie zu verführen. Er lernt alles von ihr auswendig und versucht, ihr den perfekten Tag zu bescheren. Doch es funktioniert an keinem Tag; es endet jedes Mal mit einer Backpfeife.

Anschließend durchlebt er eine Phase des Frustes und der Verzweiflung. Er versucht, sich auf unterschiedliche Weise das Leben zu nehmen. Er wacht jedoch jeden Morgen unversehrt wieder auf und der gleiche Tag beginnt von vorne.

Schließlich beginnt er, sich eigene, neue Ziele zu setzen. Außerdem beginnt er, Menschen in der Stadt zu helfen und auch Leben zu retten. Durch diese Aktionen wird er sehr beliebt. Aber was viel wichtiger ist: Er macht die Dinge, die ihm Freude bereiten und die ihm helfen, mit sich im Reinen zu sein und seine Ideen vom Leben umzusetzen. Er lernt, Klavier zu spielen, Eisskulpturen zu schnitzen und sich in seinen Job neu zu verlieben.

Der Film ist für mich die perfekte Metapher für das tägliche Hamsterrad, das vermutlich jeder von uns kennt.

Jeden Morgen geht es von vorne los. Wir versuchen, uns durch unser Leben und durch jeden einzelnen Tag zu navigieren. Es kann sich so anfühlen, als würden wir alles nur abarbeiten, bis wir abends wieder ins Bett gehen. Dabei haben wir sehr viele Möglichkeiten, unser Leben zu gestalten und nach unseren innersten Wünschen auszurichten.

Unabhängig davon, was im Außen los ist oder wie sehr wir auf den ersten Blick eingeschränkt sind. Wir müssen nur anfangen, die Gelegenheiten zu nutzen.

Phil macht genau das. Er findet heraus, was ihn glücklich macht, und macht genau das. Dadurch durchlebt er einen tiefgreifenden Wandel, den auch die Menschen um ihn herum wahrnehmen.

Ich fühlte mich selbst lange im Hamsterrad zwischen Job, Kindern und Haushalt gefangen. Ich habe vieles und das meiste davon auch mit viel Leidenschaft gemacht. Doch eines Tages bin ich im wahrsten Sinne des Wortes „Burn-out" innerlich ausgebrannt. Ich war frustriert vom Leben und fühlte mich wie Phil. Ich hatte keine Selbstmordgedanken, aber ich sah mein Leben eine Zeit lang sehr aussichtslos und im Hamsterrad.

Damals habe ich begonnen herauszufinden, was gut für mich ist und was ich eigentlich in meinem Leben erreichen möchte. Was ist mir wichtig? Was sind meine Werte? Dieses

Buch und die Gedanken in diesem Buch sind ein Ergebnis dieses Prozesses.

Wir starten jeden Tag neu. Jeder Tag birgt die Chance auf ein neues, kleines Leben. An jedem Tag stehen uns 24 Stunden bzw. 1440 Minuten bzw. 86 400 Sekunden zur Verfügung. Es liegt an uns, wie wir diese Zeit gestalten. Manchmal hilft es auch, sich zu erinnern, warum wir bestimmte Elemente in unserem Leben haben.

In der folgenden Übung kannst du eine persönliche Standortbestimmung machen.

Übung: Schau dir deine Lebensbereiche und täglichen Routinen an

Für eine Standortbestimmung kannst du gerne die folgenden Lebensbereiche verwenden:

- Ich & spirituelle Weiterentwicklung
- Körper & Gesundheit
- Job, Karriere & Finanzen
- Bildung, Qualifikation & Weiterbildung
- Freizeit, Sport, Hobby & Reise
- Partnerschaft
- Kinder
- Freunde, Familie & Netzwerk
- Wohnsituation & Haushalt

Schau dir nun jeden Bereich in deinem Leben genauer an. Nimm dein Tagebuch und notiere dir deine Gedanken.

Du kannst dir zu jedem Lebensbereich die folgenden Fragen stellen:

- Bist du zufrieden mit diesem Lebensbereich?
- Hast du eine Vision für den jeweiligen Lebensbereich?
- Warum hast du den Lebensbereich so in deinem Leben, wie er jetzt ist?
- Gibt es Routinen in diesem Lebensbereich, die dich nerven?
- Kannst du dich in diesem Lebensbereich frei entfalten oder fühlst du dich innerlich oder äußerlich blockiert?
- Wenn du eine Sache in diesem Lebensbereich ändern könntest: Was würdest du verändern?

Ich gebe dir hier noch folgende Ideen und Überlegungen zu den verschiedenen Bereichen mit, die mir persönlich geholfen haben:

Gehen dir deine Kinder auf die Nerven?

In diesem Fall erinnere ich mich daran, dass ich schon sehr früh in mein Tagebuch geschrieben habe, dass ich zwei Kinder haben wollte. Es war einer meiner Lebenswünsche. Und ich bin tatsächlich sehr stolz darauf, diese beiden Wesen in die Welt gesetzt zu haben. Ich spüre direkt die Liebe zu diesen beiden wundervollen Geschöpfen und kann die schwierigen und anstrengenden Dinge besser angehen.

Nervt dich dein Partner?

Ich erinnere mich in diesen Momenten an die Anfangszeit der Partnerschaft und wie verliebt wir waren. Vielleicht malst du dir auch einmal aus, wie es ist, allein zu sein. Ist das die Alternative?

Bist du gelangweilt von Routinetätigkeiten?

Ich bin zum Beispiel manchmal gelangweilt von meinem Lauftraining. In solchen Situationen erinnere ich mich an den Zieleinlauf meines ersten Marathons. Dieses Gefühl war so unbeschreiblich gut und ich möchte es auch bei meinem nächsten Marathon wieder haben. Ein Blick auf die höhere Vision hilft dabei also sehr, auch die täglichen Routinen mit Freude anzugehen.

Ist dein Job nur noch zum Geldverdienen da?

Beschäftige dich eingehend damit, was du eigentlich machen möchtest. Nimm dir ein Blatt Papier und schreibe auf,

wie du dir deinen idealen Job vorstellst. Was macht dir
Freude? Wie möchtest du deinen Arbeitstag gestalten? Lass
dich nicht davon lenken, womit man Geld verdienen kann.
Sondern frage dich unabhängig davon, was du machst: Wie
stellst du dir deinen optimalen Arbeitstag vor? Schreib alles
auf.

Anschließend schau genauer hin: Hast du etwas von diesen
Dingen bereits in deinem jetzigen Job? Oder kannst du etwas umstellen, damit du es mehr integrieren kannst?

Es gab einen Grund, warum du diesen Job gewählt hast.
Vielleicht hilft es dir, dich daran zu erinnern.

Und wenn du zu wenig findest: Du hast immer die Wahl, etwas zu ändern. Du brauchst dabei nichts zu überstürzen. Ich
erlebe es so häufig: Wir haben viel häufiger die Möglichkeit,
etwas zu ändern, als wir uns vorstellen können.

Manchmal braucht es nur etwas Mut.

Eine meiner größten Herausforderungen ist der Haushalt.
Ich finde es nahezu überflüssig, mich darum zu kümmern. Es
bereitet mir einfach keine Freude. Was mir dabei hilft:

- Wir haben den Haushalt analysiert und genau geschaut, welche Tätigkeiten wie lange benötigen.
  Anschließend haben wir geschaut, welche dieser
  Aufgaben wir outsourcen können. Wer kann dich
  unterstützen? Eine Haushaltsfee ist Gold wert und
  oftmals gar nicht so teuer, wie es auf den ersten
  Blick erscheint. Ich finde ja, dass es am Ende ein Re-
  chenmodell ist. Wenn ich in der Zeit meiner
  Lieblingsbeschäftigung nachgehen kann, die im Idealfall auch noch Geld einbringt, habe ich mehr als
  nur Lebenszeit gewonnen.

- Manchmal gibt es auch eine liebe Nachbarin oder Eltern, die unterstützen können.
- Oft ist der Haushalt auch eine Frage der Organisation mit allen Familienmitgliedern.
- Wir ziehen das Putzen und Aufräumen in einer Aufräumparty einfach mal durch. Mit der Lieblingsmusik auf den Ohren ist es erstaunlich, wie viel man schaffen kann, wenn man sich nicht ständig von Handy und Co. ablenken lässt.

Du merkst es vermutlich schon. Ich gehe an diese Dinge sehr analytisch heran. Es ist tatsächlich schon seit vielen Jahren so, dass ich mir regelmäßig meine Lebensbereiche anschaue und überlege, was ich verbessern kann oder was mir noch fehlt, um ein erfülltes Leben zu führen. Das ist meine Art, damit umzugehen, und vielleicht kannst du ein paar Anregungen für dein Leben mitnehmen.

Die Sicht von außen

Vielleicht hilft dir auch das folgende Gedankenmodell: Stell dir einmal vor, du wärst dein eigener Schutzengel. Du könntest dein Leben von außen betrachten und Einfluss nehmen, um dein Leben in eine andere Richtung zu bringen. Es wäre alles möglich.

Gehe so gedanklich durch deinen Tag und schau dir dein Leben von außen an. Womit beschäftigst du dich? Was ist dir wichtig? Wo sind Momente, wo du von außen betrachtet denkst: Was tue ich da und warum? Sobald du das Warum erforschst, bist du auf dem Weg, etwas zu verändern. Die Veränderung kann entweder in deinem Mindset oder im Tun erfolgen.

Starte direkt heute damit, dein Leben aktiv anzugehen. Ich habe oft den Eindruck, dass wir so tun, als wären wir unsterblich und hätten noch unendlich viel Zeit.

Ich denke oft an eine Situation zurück, die ich in meinem früheren Job als Beraterin erlebt habe. Ich hielt beim Kunden eine Schulung zu einem neuen Softwareprogramm. Einer der Teilnehmer saß dort gelangweilt herum und schaute oft aus dem Fenster. In der Pause sprach ich ihn an, warum er denn nicht mitmachen würde. Er meinte dann zu mir, dass ihn das alles gar nicht interessieren würde. In 17 Jahren würde er in Rente gehen und dann wäre ihm das alles egal. Er würde hier nur seine Zeit absitzen.

Ich war damals echt sprachlos und bin es auch heute noch.

Jeden Tag ein neues Leben

Das Leben kann schneller vorbei sein, als uns lieb ist. Daher ist es so wichtig, dass wir heute damit beginnen, wirklich zu leben.

Jeden Tag können wir aufs Neue leben.

Jeden Tag haben wir 1440 Minuten lang Zeit zu leben.

Jeder Tag ist ein kleines neues Leben. Das Aufwachen ist die Geburt des Tages und das Schlafengehen der Tod für diesen Tag. Der Tag ist unverwechselbar und einzigartig.

Einen weiteren Gedanken möchte ich dir in diesem Kapitel noch mit auf den Weg geben: Ich habe den Eindruck, dass wir viel zu oft unsere Zeit verplempern. Damit meine ich nicht, dass wir nur arbeiten sollen; das Gegenteil ist oft der Fall: Die Weiterentwicklung entsteht oft in der Muße, in der Stille, in der Entspannung, in der Meditation oder im Lesen eines Buches wie dieses hier. Es gibt Momente, da verplempern wir die Zeit, indem wir Handyspiele daddeln oder sinnlos im Fernsehen herumzappen. Es spricht nichts dagegen, zur Entspannung ein paar Bonbons auf dem Handy zerplatzen zu lassen. Doch mache es bewusst. Entscheide dich bewusst dafür: Ich nehme jetzt mein Handy und spiele 15 Minuten, weil es mich entspannt. Dann lege es wieder weg und mache etwas anderes.

Genieße deine Zeit.

Genieße deine Leben.

Heute findet dein Leben statt.

Jetzt ist die Zeit zum Leben.

Kapitel 8 – Du bist ein Wunder

„Es gibt zwei Arten, sein Leben zu leben:
entweder so, als wäre nichts ein Wunder,
oder so, als wäre alles ein Wunder.
Ich glaube an Letzteres."

Albert Einstein

Hast du schon einmal darüber nachgedacht, dass du die bzw. der Überlebende aller deiner Vorfahren bist? Reise in deine Vergangenheit und erfahre, dass du ein Wunder bist. Du bist ein Wunder, weil du existierst.

Überlebender der Ahnenreihe

Seit einiger Zeit hat mein Mann ein neues Hobby, er betreibt Ahnenforschung. Dank der Möglichkeiten im Internet hat er schon eine Menge Vorfahren herausgefunden. Der älteste Beleg für meine Ahnen sind meine Ururururururgroßeltern Johann und Maria Winnecke. Sie wurden 1746 und 1740 geboren. Ich finde es sehr spannend, weil zum einen Maria mein zweiter Vorname ist, und zum anderen war Maria Winnecke, genauso wie ich, eine geborene Günther. Da fühle ich mich doch direkt nochmals mit ihr verbunden.

Als ich diese Liste an Vorfahren sah, zu denen es einen Beleg gibt, ergriff mich Ehrfurcht und Demut. Ich empfinde es als ein Wunder. Maria und Johann sind so alt geworden, dass sie Dorothea geboren haben. Dorothea wiederum hat Johann zur Welt gebracht, der wiederum der Vater meines Ururgroßvaters Heinrich ist. Die Ahnenreihe geht so weiter bis zu mir bzw. bis zu meinen Kindern. Alle meine Ahnen haben überlebt und eine neue Generation begründet.

Du hast auch eine solche Ahnenreihe und deine Ahnen haben alle überlebt.

Wenn es eine winzige Abweichung in dieser Ahnenreihe gegeben hätte, z. B. wenn eine dieser Personen zu früh gestorben wäre, die Partner sich nicht gefunden hätten, eine Fehlgeburt geschehen oder eine andere winzige Veränderung passiert wäre, hätte sie dazu geführt, dass es dich heute nicht gibt. Deine Ahnenreihe ist lückenlos. Sie geht noch viel weiter zurück.

Wenn wir grob rechnen, entsteht alle 25 Jahre eine neue Generation, das heißt, innerhalb von 100 Jahren gibt es ungefähr vier Generationen. Jeweils Partner, die alt genug waren, die sich kennengelernt und ein Kind gezeugt haben. Das Kind wiederum ist ebenfalls alt genug geworden und hat wiederum ein Kind gezeugt.

Dieser ständige Kreislauf fand ungefähr viermal innerhalb von 100 Jahren statt. Mit dieser Idee lade ich dich zur nächsten Übung ein.

Übung: Reise in deine Vergangenheit

Ich lade dich herzlich ein, in deine Vergangenheit zu reisen. Du kannst dir den folgenden Text abschnittsweise durchlesen. Schließe gerne nach jedem Abschnitt kurz deine Augen und stell es dir vor.

Denke an deine Geburt. Du bist ein Wunder deiner Geburt. Du hast es in diese Welt geschafft.

Reise nun zurück zur Geburt deiner Eltern. Auch sie haben es in diese Welt geschafft.

Reise zur Geburt deiner Großeltern. Alle vier Großeltern haben ihre Geburt überlebt und es in diese Welt geschafft. Auch sie sind ein Wunder.

Ebenso sind deine Urgroßeltern ein Wunder.

Und deine Ururgroßeltern sind ein Wunder. Du hast 16 Ururgroßeltern. Alle haben sie überlebt.

Wir reisen noch weiter zurück.

Vor 200 Jahren, also vor ungefähr acht Generationen, war die Zeit kurz vor dem Durchbruch der Industrialisierung. Da war die Welt eine komplett andere. Das ist nur acht Generationen her. Auch diese Vorfahren haben alle überlebt, das sind 256 deiner Vorfahren. Alle sind ein Wunder des Lebens.

Sie haben es auf die Welt geschafft und haben Kinder in die Welt gesetzt.

Wir reisen noch weiter zurück.

Vor ungefähr 30 Generationen wütete in Europa der Schwarze Tod: die Pest. Es gibt Schätzungen, dass ungefähr jeder dritte Europäer damals sein Leben verloren hat. Die Wahrscheinlichkeit, dass es einer deiner Vorfahren gewesen wäre, war demnach sehr hoch. Deine Vorfahren waren es aber nicht. Sie haben alle überlebt, zumindest haben sie so lange gelebt, um ein Kind in die Welt zu setzen.

Wir sind damit alle Überlebende der Pest.

Vor etwa 40 Generationen waren unsere Vorfahren im tiefsten Mittelalter und haben dort allen Widrigkeiten getrotzt. Vielleicht kennst du das Buch „Säulen der Erde", das ungefähr zu dieser Zeit spielt. Wir wissen nicht wirklich, wie es tatsächlich im Mittelalter war, dennoch glaube ich, dass es eine ungefähre Vorstellung davon erzeugt, wie unsere Vorfahren im Mittelalter gelebt haben. Die hygienischen und menschenrechtlichen Bedingungen, die Versorgung mit Nahrung und die Sicherheit waren so weit weg von dem, was wir heute kennen, dass ich es manchmal als unglaublich empfinde, dass meine Vorfahren das alles überlebt haben. Sie müssen es aber überlebt haben, sonst gäbe es mich nicht. Deine Vorfahren haben es auch überlebt, sonst gäbe es dich nicht.

Deine Vorfahren vor ca. 80 Generationen hätten Jesus Christus antreffen können. Sie haben alle überlebt.

Wir reisen weiter zurück.

Deine Vorfahren vor 250 Generationen hätten das Rad erfinden können.

Vor ca. 530 Generationen wurden deine Vorfahren sesshaft.

Vor ca. 25 000 Generationen entstand der moderne Mensch: der Homo sapiens. Jeder Einzelne deiner Vorfahren aus diesen 25 000 Generationen hat überlebt und ein Kind gezeugt.

Wir könnten noch weiter zurückgehen: zu den Menschenarten davor, zu den Tieren, zu den ersten Einzellern und zur Entstehung des Universums.

Du bist aus allem hervorgegangen.

Du bist ein echtes Wunder: dadurch, dass du existierst.

Die Wahrscheinlichkeit ist unglaublich gering und doch existierst du.

Du bist ein Wunder, weil du jetzt hier bist und diese Zeilen liest, weil du atmest und weil du lebst.

Wie wirkt das auf dich?

Ist es nicht unglaublich, wie kostbar wir sind?

Ist es nicht erstaunlich, was wir für ein Wunder sind?

Einfach jeden Tag nicht sterben

Ich hoffe, du kannst diese Idee für dich mitnehmen:

Du bist ein Wunder!

Ich empfehle dir, dein kostbares Leben auch stets als Wunder zu betrachten. Genieße und nutze dein Leben bis zu deinem Tod. Richte es nach deinen Wünschen, deinen Vorstellungen und deiner tiefen Sehnsucht aus.

Was ist dir wichtig angesichts der Tatsache, dass du sterben wirst? Was ist dir wirklich wichtig?

Du bist noch da, du bist noch nicht gestorben.

Du kannst also noch etwas verändern.

Um dieses Thema kümmern wir uns in Kapitel 10 noch eingehender.

Mein Sohn fragte mich einmal: „Mama, weißt du, was der einfachste Weg für ein langes Leben ist?"

Ich wusste es nicht.

Er: „Einfach jeden Tag nicht sterben."

Kapitel 9 – Ewiges Leben

*„Wer im Gedächtnis seiner Lieben lebt, der ist
nicht tot, der ist nur fern.
Tot ist nur, wer vergessen wird."*

Immanuel Kant

In diesem Kapitel drehen wir den Gedanken einmal um. Wie wäre es, wenn wir unsterblich wären. Ich liebe solche gedanklichen Spiele, da sie einen durch das Rückwärtsgerichtete zum eigentlichen Punkt bringen. Vielleicht ist es auch bereits jetzt möglich, dass wir unsterblich sind?

Stell dir vor, du lebst ewig

In diesem Kapitel drehen wir den Gedanken der Sterblichkeit um. Stell dir einmal vor, du würdest ewig leben.

Was macht dieser Gedanke mit dir?

Der älteste Mensch der Welt ist aktuell 118 Jahre alt. Der bisher nachweislich älteste Mensch ist 122 Jahre alt geworden. 120 Jahre alt ist auch ungefähr das Alter, das nach dem aktuellen Stand der Forschung unser Körper zu leisten imstande ist. Die Forschung arbeitet daran, diesen Zeitpunkt noch weiter nach hinten zu schieben.

Vielleicht ist es eines Tages völlig normal, dass wir 150 Jahre alt werden. Doch auch das ist immer noch ein recht überschaubarer Rahmen.

Nun stell dir einmal vor, du könntest 200 Jahre alt werden oder 500 Jahre oder sogar 1000 Jahre. 1000 Jahre wären über 365 000 einzelne Tage, an denen du aufstehst und irgendeiner Tätigkeit nachgehst.

Ist das nicht eine komische Vorstellung?

Wie wäre es, wenn du wirklich unsterblich wärst und immer noch einen Tag zu leben hättest. Morgen wäre auch noch ein Tag, an dem du aktiv werden könntest. Würdest du jeden Morgen mit Elan aus dem Bett springen und deine Ziele verfolgen? Wäre es in diesem Fall erstrebenswert, Ziele zu verfolgen?

Du hättest Zeit, alles zu lesen, was dich interessiert. Du hättest Zeit, alles zu lernen, was dich interessiert. Du könntest alle Länder bereisen, alle Sprachen lernen und jeden Menschen auf der Welt kennenlernen.

Aber würdest du es tun?

Es gibt Überlegungen, dass die Menschheit dadurch eher träge und lethargisch werden würde. Die Motivation, jedem Tag mit Elan zu begegnen, würde sinken und die nicht alternde Gesellschaft würde träge und lustlos werden. Aus diesem Blickwinkel heraus klingt es doch wesentlich verführerischer, sterblich zu sein.

Vielleicht klingt es für dich aktuell auch verführerisch, unendlich Zeit für alles zu haben, was du schon immer mal gerne machen wolltest.

Was hindert dich daran, diese Dinge bereits jetzt zu tun?

In Social Media kannst du ewig leben

Eine Freundin erzählte mir, als ihre Schwester 2010 starb, war es ziemlich kompliziert, das Profil der Schwester bei Facebook zu löschen. Nach einigem Mailverkehr musste sie die Sterbeurkunde sowie das Familienstammbuch versenden, damit das Profil gelöscht werden kann.

Mittlerweile gibt es Facebook so lange, dass dieser Fall häufig auftritt. Die Angehörigen können über ein Formular auswählen, ob das Profil gelöscht werden soll oder ob es in eine Gedenkseite umgewandelt werden soll. Die Gedenkseite existiert damit ewig weiter.

Diese Überlegungen führten mich zu weiteren Gedanken. Bei Facebook gibt es die Möglichkeit, Beiträge vorzuplanen. Aktuell geht das nur für sechs Monate in der Zukunft. Doch auch in diesem Fall wäre es denkbar, dass ein Beitrag von mir noch nach meinem Ableben automatisch gepostet wird. Eine vermutlich sehr seltsame und auch traurige Situation, wenn Freunde und Angehörige diesen Post sehen.

Technisch wäre es jedoch problemlos möglich, auch über den 6-Monats-Zeitraum hinaus einen Beitrag zu planen. Vorstellbar wäre sogar ein Algorithmus, der in deinem Sinne weiter Beiträge postet, die so aussehen, als wären sie tatsächlich von dir. Ein digitaler Zwilling oder Avatar von dir könnte weiter existieren. Die bis zu deinem Tode von dir erstellten Beiträge könnten analysiert werden, der Algorithmus baut ähnliche Beiträge auf und postet sie in regelmäßigen Abständen.

Menschen, die dich nicht persönlich kannten, könnten so den Eindruck bekommen, dass du ein realer Mensch bist und lebst. Dein Avatar lebt einfach unendlich weiter.

Es gibt mittlerweile sogar die Möglichkeit, dass man mithilfe der 3-D-Technologie und Analyse unzähliger Video- und Audioaufnahmen einen 3-D-Avatar erstellt, der so reagiert wie der Mensch vorher.

Noch kommt uns das sehr surreal und vielleicht sogar ein bisschen gruselig vor. Aus psychologischer Sicht sprechen viele Gründe dagegen, dass man diese Möglichkeit nutzt. Vermutlich ist es dem Trauerprozess nicht besonders dienlich. Wie sollen wir allerdings die Entwicklung aufhalten?

Früher gingen die Menschen auf den Friedhof und gedachten dort ihrer verstorbenen Lieben. Vor gar nicht so langer Zeit gab es nur diese Möglichkeit.

Irgendwann gab es Fotos. Früher wurden sogar die bereits verstorbenen Menschen nochmals fotografiert, um eine Erinnerung an sie zu erhalten.

Mit der voranschreitenden Digitalisierung gab es Sprachnachrichten von den verstorbenen Menschen. Zunächst gab es die Sprachnachrichten klassisch auf dem Anrufbeantworter und mittlerweile auch in den Messengerdiensten.

Zusätzlich gibt es Videos von den Menschen. Vor ca. 50 Jahren waren es noch die Super 8-Kameras, dann kamen die Camcorder und mittlerweile kann jedes Smartphone Videos aufzeichnen. Es gibt sehr viel Videomaterial mit privaten Aufzeichnungen.

Wenn ein geliebter Mensch stirbt, wird sich jeder Hinterbliebene immer wieder die Fotos anschauen, die Sprachnachrichten anhören und die Videos anschauen. Dadurch bleibt die Person in Erinnerung.

Es gibt bereits jetzt für jeden von uns die Möglichkeit, einzelne Foto-, Film- oder Sprachschnipsel anders zusammenzuschneiden. Ein Softwareprogramm und ein bisschen Geduld reichen aus, um eine neue Sprach- oder

Videosequenz herzustellen sowie ein Foto zu manipulieren, sodass der bereits verstorbene Opa auf den Bildern der Hochzeit auftaucht.

Auch die Möglichkeiten eines digitalen Avatars sind näher, als wir uns vorstellen können. Bereits jetzt gibt es Chatbots im Kundenservice, die einfache Fragen beantworten können. Denkbar wäre also ein solcher Bot bzw. Avatar auch aus dem Material eines Verstorbenen, der bei Fragen ähnlich reagiert wie der Verstorbene, sodass eine digitale Unterhaltung möglich wäre. Gemeinsam mit Videomaterial könnte der Mensch tatsächlich digital weiterleben.

Wir sind gar nicht so weit weg davon. Wie bei jeder Weiterentwicklung wird es immer jemanden geben, der weitermacht, die Möglichkeiten ausreizt und so die Grenzen weiter verschiebt.

Stell dir einmal vor, du würdest ins Mittelalter zurückkreisen und dort den Menschen Videos von bereits Verstorbenen zeigen. Vermutlich wäre das Gefängnis oder gar der Scheiterhaufen nicht mehr weit. Mittlerweile ist es für uns völlig normal und so wird es in vielen Jahren vermutlich auch normal sein, dass du mit einem verstorbenen Angehörigen per Chatbot weiter kommunizieren kannst.

Um damit auf das Zitat von Immanuel Kant zurückzukommen: „Wer im Gedächtnis seiner Lieben lebt, der ist nicht tot, der ist nur fern. Tot ist nur, wer vergessen wird." Durch die technischen Möglichkeiten besteht noch lange die Möglichkeit, dass jemand an uns denkt, und so lange werden wir nicht wirklich tot sein.

Kapitel 10 – Entdecke deine tiefe Sehnsucht

„Wer ein erfülltes Leben hat, ist auch bereit zu gehen, und diejenigen kleben am meisten am Überleben, die am wenigsten gelebt haben. Wer nicht weiß, wofür es sich wirklich zu leben lohnt, verdrängt den Tod; und wer etwas kennt, das es wert ist, dass man notfalls dafür das Leben riskiert, weiß auch, wofür es sich lohnt zu leben."

Gerd Haeffner

In diesem Kapitel kannst du deiner tiefen Sehnsucht auf die Spur kommen.

Ein Leben als Zombie

Ich sitze sehr gerne im Café oder in öffentlichen Verkehrsmitteln und beobachte die Menschen. Als ich früher noch sehr viel beruflich unterwegs war, war das Beobachten eine meiner Lieblingsbeschäftigungen. Ich habe mich oft gefragt, wohin die Menschen fahren, was sie vorher erlebt haben, wie es ihnen geht, was sie beruflich machen und vor allen Dingen, ob sie glücklich sind mit dem, was sie tun.

Ich hatte allerdings häufig den Eindruck, dass es Menschen gibt, die sich gar nicht damit auseinandersetzen, ob sie glücklich sind. Sie wirkten teilweise auf mich, als ob sie vor sich hinleben, ohne einen Gedanken über ihr Leben zu verschwenden. Manchmal hatte ich den Eindruck, einen Zombie vor mir zu haben – ein innerlich lebloses Wesen, das einfach nur funktioniert. Okay, wenn ich morgens um 6 Uhr in die Bahn gestiegen bin, war ich auch ein Zombie. Daher hoffe ich, dass ich nur einen unglücklichen Moment erwischt hatte, als ich der Person begegnet bin, und sie überwiegend lebendig lebt.

Ich meine den Begriff des Zombies nicht abwertend. Ich meine damit eher, dass die Menschen teilweise innerlich tot wirken. Sie steigen in die Bahn, verbringen dort die Zeit, steigen aus, gehen zur Arbeit, fahren wieder nach Hause, kümmern sich um ihre Wohnung und/oder Familienangehörige. Abends berieseln sie sich mit Fernsehen und gehen dann schlafen. Sie verschwenden nicht einen Gedanken daran, was sie in ihrem Leben erreichen wollen und ob sie glücklich damit sind.

Eine der liebsten Beschäftigungen der Zombies ist es, sich zu beklagen. Zumindest ist das mein Eindruck. Sie beklagen sich – gerne auch lautstark mit anderen Zombies in der Bahn –

darüber, wie doof der Chef doch ist, wie langweilig der Job ist, wie öde der Partner ist und wie nervig die Kinder sind. Mein Eindruck ist, dass sie im Außen das anprangern, was sie eigentlich im Inneren fühlen: Ideenlosigkeit, Langeweile oder innere Leere. Sie fühlen Sinnlosigkeit. Nach meiner Beobachtung sind das häufig auch die Menschen, mit denen man am wenigsten über das Thema „Sterben" sprechen kann. Sie schieben dieses Thema so weit von sich, als ob sie es nicht betreffen würde. Die Zombies wissen nicht, wofür es sich zu leben lohnt.

Daher kann ich jedem empfehlen, seiner tiefen Sehnsucht und seinem persönlichen Sinn im Leben auf die Spur zu kommen. Dabei kann es sich um die unterschiedlichsten Dinge handeln: ein bestimmter Job, eine Familie aufbauen und ernähren, ein bestimmter Wohnort, ein besonderes Urlaubsziel, ein bestimmtes Projekt, eine Weiterbildung, ein sportliches Ziel usw. Ich bin zutiefst davon überzeugt, dass jeder Mensch etwas hat, wofür er zutiefst brennt und bei dem er sich quicklebendig und absolut in seinem Element fühlt.

Ich fühle mich zum Beispiel gut, wenn ich für meine Familie koche und wir anschließend gemeinsam essen, wenn ich schreiben kann, wenn ich mein Wissen in Workshops und Kursen weitergebe, wenn ich mich um die Finanzen meines Unternehmens kümmere, wenn ich allein im Wald laufen gehe, und bei vielen anderen Unternehmungen. Das heißt nicht, dass mein Leben nur aus sinnvollen Erlebnissen besteht. Ich habe ebenfalls Durchhänger im Leben und es passieren anstrengende Dinge, die mich stressen und mich auch als Zombie zurücklassen.

Jedoch weiß ich insgesamt, wofür es sich zu leben lohnt und was ich in meinem Leben erreichen möchte. Das hilft mir auch in schwierigeren Zeiten häufig weiter.

Ich habe übrigens nicht DEN einen Sinn im Leben. Ich bin immer wieder fasziniert, wenn ich Menschen begegne, die für eine Sache brennen und das über viele Jahre oder Jahrzehnte hinweg machen. Ich hingegen interessiere mich für viele Aspekte, die mir wichtig sind. Schon vor einiger Zeit begegnete mir der Begriff der Scanner-Persönlichkeit – das ist ein Mensch, der vielseitig interessiert ist. Damit kann ich mich sehr gut identifizieren: Und so habe ich Freude daran, dieses Buch über die Sterblichkeit zu schreiben, Weiterbildungen für Yogalehrer-innen zu halten, ein Seminar über Finanzen anzubieten, unseren 2015 gegründeten Pflegedienst weiter aufzubauen, Yoga für Läufer-innen anzubieten, an einem Ultralauf teilzunehmen und bei einer Weiterbildung für Klangschalen mitzumachen. In jedem einzelnen Aspekt kann ich aufgehen und einen Sinn erkennen.

Im nächsten Kapitel stelle ich dir eine Übung vor, bei der du zunächst in deinem Herzen ein Bild abfragst. Anschließend kannst du dein Innerstes bei der Schreibübung zum Fließen bringen.

Bei den meisten Menschen erscheinen in der Regel bei dieser Übung Bilder, daher werde ich im Folgenden auch diesen Begriff verwenden. Dir kann alternativ ein Gefühl, ein Gedanke oder eine bestimmte Situation in den Sinn kommen. Damit kannst du auch in die weitere Übung einsteigen. Wichtig ist lediglich, dass du das Erste, was dir erschienen ist, verwendest. Auch wenn es dir seltsam vorkommt, nutze das Erste, was kommt, und vertraue dir.

Übung: Frage dein Herz nach deiner tiefen Sehnsucht

Suche dir für diese Übung einen ruhigen Platz, an dem du gut sitzen und schreiben kannst. Lege dir dein Schreibmaterial bereit.

Setze dich aufrecht hin. Spüre zu deinem Körper und zu deinem Atem.

Beobachte ein paar Atemzüge deinen Atem. Schließe dafür die Augen.

Sobald du innerlich ruhig geworden bist, lenke die Aufmerksamkeit auf dein Herz. Verweile ein paar Atemzüge lang mit deiner Aufmerksamkeit auf dein Herz.

Anschließend fragst du dein Herz:

Liebes Herz, was ist meine tiefe Sehnsucht, meine große Leidenschaft im Leben?

Warte ab.

Nimm das erste Bild, das erste Gefühl, den ersten Impuls, den ersten Gedanken, der dir innerlich erscheint. Unabhängig davon, wie ungewöhnlich, absurd oder auch langweilig dir diese Sehnsucht erscheint.

Öffne anschließend die Augen und schreibe oder zeichne das erschienene Bild, das Gefühl oder die Wörter, die dir in den Sinn gekommen sind, auf.

Anschließend schreibe weiter. Lass dich von deinem Herzen und deinem Stift leiten. Schreib alle Gedanken auf, die in dir hochkommen. Denk nicht nach, sondern schreibe alles auf und lass es fließen. Achte nicht auf die Formulierung oder dein Schriftbild. Schreibe jeden Gedanken zu deinem Bild aus dem Herzen auf.

Im Idealfall lässt du dein Schreiben fließen. Falls du ins Stocken kommst oder abschweifst, kannst du gerne folgende Fragen verwenden:

- Beschreibe zunächst das Bild, das dir erschienen ist, so genau wie möglich.
- Wie fühlt sich das Bild für dich an?
- Betrachte dein Bild näher. Kannst du bestimmte Details erkennen?
- Kannst du Aktivitäten in deinem Bild erkennen oder entwickeln sich Situationen?
- Lass dein Bild einmal groß werden. Stell es dir richtig groß vor. Wie wirkt es dann auf dich?
- Vielleicht gibt es bestimmte Menschen, die dich bei deinem Bild unterstützen? Spüre in dich hinein, ob und welche Personen passend zu deinem Bild erscheinen und dir helfen möchten.
- Kannst du deinem Bild zuhören? Hat es dir etwas zu sagen? Höre für einen Moment hin.
- Fülle das Bild mit Dankbarkeit. Erfreue dich daran, dass das Bild in deinem Herzen erschienen ist.

Beginne heute damit, dein Leben noch mehr wertzuschätzen.

Beginne, deinem Leben noch mehr Sinn zu geben.

Küsse intensiver.

Tanze länger.

Singe lauter.

Kapitel 11 – Feiere dein Leben

„Man kann nur Spaß haben,
wenn man l(i)ebt."

B. Wibbing, 12 Jahre alt

In diesem Kapitel kannst du dein Leben feiern. Es gibt zwei Übungen, die du regelmäßig nutzen bzw. wiederholen kannst, um dein Leben zu feiern.

Lebe, was du liebst, und liebe, was du lebst

Die philosophischen Worte „Man kann nur Spaß haben, wenn man l(i)ebt" stammen von meinem 12-jährigen Sohn. Ich finde, es sind so wahre Worte. Wir sollten uns viel häufiger vor Augen führen, dass wir nur als lebendige und liebende Wesen den Spaß haben können.

Natürlich besteht das Leben nicht nur aus Spaß, Freude und Liebe. Ich finde es sehr wichtig, dass wir auch alle anderen Gefühle wie Angst, Sorge, Wut und Frust fühlen. Sie gehören ebenso dazu und wollen gelebt und gesehen werden.

Sobald dir das Leben jedoch Freude schenkt, lass diese dich und deinen Körper durchströmen. Spüre die Freude mit jeder Faser deines Körpers.

Vielleicht helfen dir die folgenden beiden Übungen dabei, es ist eine für den Geist und eine für den Körper. Viel Freude dabei.

Übung: Dein Lebensboard

In dieser Übung greifen wir die Elemente aus der Koffer-übung aus Kapitel 6 erneut auf.

Nimm dir dieses Mal ein großes Plakat oder ein großes, festes Papier. Wenn es für dich passt, nutze als Überschrift „Ich lebe, was ich liebe, und ich liebe, was ich lebe" oder eine andere für dich passende Überschrift.

Gestalte das Plakat anschließend nach deinen Wünschen. Du kannst schreiben, malen, ausgedruckte Fotos oder Bilder aus Zeitschriften aufkleben. Erstelle dir ein Lebensboard mit den wichtigsten Elementen aus deinem Leben.

Verwende gerne diese Anregungen aus der Kofferübung:

- Ein oder mehrere Menschen, die dir wichtig sind
- Eine große Sache, die du besitzt
- Eine kleine Sache, die du besitzt
- Ein besonderes Talent oder ein Expertenwissen
- Dein Job
- Ein Projekt, das du aufgebaut oder kreiert hast
- Dein Haus- oder Lieblingstier
- Die Kleidung, die du trägst

Selbstverständlich kannst du andere oder weitere Elemente hinzufügen.

Wenn du fertig bist, hänge dir dein Lebensboard an eine Stelle, an der du jeden Tag vorbeikommst. Damit erinnerst du dich täglich daran, was dir im Leben wichtig ist, wofür du lebst und liebst. Stell dich regelmäßig vor dein Lebensboard und schenke allen Elementen Dankbarkeit, dass sie in deinem Leben sind.

Übung: Tanze

Diese Übung ist sehr einfach. Suche dir einen Ort, an dem du ungestört bist. Wähle deine Lieblingsmusik aus, zu der du dich bewegen möchtest. Vielleicht magst du sie auch über Kopfhörer hören, um richtig einzutauchen.

Dann leg los. Gib dich der Musik hin und bewege dich. Tanze langsam oder schnell, wild oder gemäßigt. Lass deinen Körper führen und bewege dich so, wie es sich jetzt passend für dich anfühlt. Es ist völlig unerheblich, wie es aussieht.

Tanze.

Tanze dein Leben.

Lebe dein Leben.

Liebe dein Leben.

Lebe deine Sterblichkeit

Wenn du magst, kannst du zum Abschluss die kleine Übung von Beginn noch einmal durchführen.

Sage dir: „Ich lebe meine Sterblichkeit."

Spüre, was dieser Satz mit dir macht.

Beobachte deine Gefühle.

Nimm deine Gedanken wahr.

Schließe deine Augen für einen Moment und sage dir diesen Satz.

Dann öffne deine Augen wieder.

Hast du das Gefühl, dass sich durch das Lesen des Buches etwas verändert hat?

Ich hoffe es und würde mich sehr freuen.

Abschluss und Kontakt

Ich bedanke mich sehr herzlich bei dir, dass du mein kleines Büchlein gelesen hast. Ich hoffe, du konntest Impulse für dein Leben mitnehmen und kannst deinem eigenen Tod mit etwas mehr Liebe entgegentreten.

Ich würde mich sehr über eine Rückmeldung freuen, wie es dir gefallen hat und welche Erkenntnisse du für dich hattest.

Schreib mir gerne eine Rezension im Buchhandel oder schick mir eine E-Mail: buch@w-in-flow.de.

Du findest mich auch bei Facebook oder Instagram unter:

winflowpb

Ich wünsche dir weiterhin viel Sinn in deinem Leben und dass du deiner tiefen Sehnsucht immer weiter auf die Spur kommst.

Deine

Kathrin

Literaturnachweise

- Zitat, S. 9: Michael Ende aus „Momo", 22. Oktober 2010

Kapitel 1

- Zitat, S. 13: Erich Kästner aus „Fabian: Die Geschichte eines Moralisten", 05. Mai 2017
- Weitere Informationen zu Julian: http://blog.team-david.de
- Zitat, S. 19: Cicely Saunders aus „Der Horizont ist nur die Grenze unserer Sicht: Eine persönliche Sammlung ermutigender Texte für Palliative Care und Hospizarbeit", 01. Oktober 2015
- Die Webseite des Ambulanten Kinder- und Jugendhospizvereins: https://www.deutscher-kinderhospizverein.de/ – abgerufen im Juli 2021

Kapitel 2

- Zitat, S. 21: Anselm von Canterbury, Theologe, Erzbischof und Philosoph des Mittelalters
- „Sterben – Warum wir einen neuen Umgang mit dem Tod brauchen" des Palliativmediziners Matthias Gockel, 01. Oktober 2019
- „Uhren gibt es nicht mehr: Gespräche mit meiner Mutter in ihrem 102. Lebensjahr" von André Heller, 13. August 2018
- Video „Das passiert im Körper, wenn wir sterben" von Quarks/WDR. Abgerufen im Juni 2021 auf YouTube: https://www.youtube.com/watch?v=55EofV6s92A

Kapitel 3

- Zitat, S. 33: Laotse, chinesischer Philosoph, 6. Jahrhundert
- „Das Yoga-Buch vom Leben und Sterben" von Satya Singh, 01. März 2013
- „Blick in die Ewigkeit: Die faszinierende Nahtoderfahrung eines Neurochirurgen" von Eben Alexander, 11. April 2016
- „Über den Tod und das Leben danach: Jubiläumsausgabe" von Elisabeth Kübler-Ross, 14. Februar 2019
- „Vedanta: Der Ozean der Weisheit" von Swami Vivekananda und Kurt Friedrichs, 01. Juli 2010
- Das Yoga-Wiki für die yogischen Aspekte des Lebens und des Sterbens: https://wiki.yoga-vidya.de/

Kapitel 4

- Zitat, S. 41: Pierre Corneille, französischer Autor, 17. Jahrhundert

Kapitel 5

- Zitat, S. 51: Philipp Wibbing, mein Ehemann, Strategieberater und Visionär
- Tagerechner im Internet: https://www.timeanddate.de/datum/zeitspanne – abgerufen im Juli 2021

Kapitel 6

- Zitat, S. 59: Lucius Annaeus Seneca, römischer Philosoph und Schriftsteller, 1. Jahrhundert
- „Das Yoga-Buch vom Leben und vom Sterben" von Satya Singh, 01. März 2013

Kapitel 7

- Zitat, S. 67: Arthur Schopenhauer, deutscher Philosoph und Hochschullehrer, 19. Jahrhundert
- Handlung des Films „Und täglich grüßt das Murmeltier":
  https://de.wikipedia.org/wiki/Und_t%C3%A4glich_gr%C3%BC%C3%9Ft_das_Murmeltier – abgerufen im Juli 2021

Kapitel 8

- Zitat, S. 77: Albert Einstein, deutscher Physiker, 1879–1955
- Weitere Informationen zur Ahnenforschung: www.myheritage.de – abgerufen im Juni 2021
- Der Schwarze Tod in Europa: https://de.wikipedia.org/wiki/Schwarzer_Tod – abgerufen im Juni 2021
- „Säulen der Erde" von Ken Follett, 01. April 2019
- Stammesgeschichte des Menschen: https://de.wikipedia.org/wiki/Stammesgeschichte_des_Menschen – abgerufen im Juli 2021

Kapitel 9

- Zitat, S. 85: Immanuel Kant, deutscher Philosoph, 18./19. Jahrhundert
- Der tagesschau Zukunfts-Podcast – mal angenommen. Folge „Menschen sind unsterblich? Was dann?": https://www.ardaudiothek.de/der-tages-schau-zukunfts-podcast-mal-angenommen/menschen-sind-unsterblich-was-dann/88287718 – abgerufen im Juni 2021
- Antrag auf Herstellung des Gedenkzustands bei Facebook: https://www.face-book.com/help/contact/651319028315841 – abgerufen im Juli 2021

Kapitel 10

- Zitat, S. 91: Gerd Haeffner aus: „Philosophische Anthropologie", 24. November 2005

Kapitel 11

- Zitat, S. 99: B. Wibbing, mein Sohn, Schüler

Weitere Bücher von Kathrin Wibbing:

Schöne Worte im Yogaunterricht

30 Texte zum Vor- und Selberlesen: Jeder eine kleine Urlaubsreise. Lass dich fallen und genieße einfach: du kannst auf einem Elefanten reiten, im Wasserfall baden, von einem Berg im Himalaya fliegen, eine Lichtkugel durch deinen Körper schicken oder einfach deinen Atem spüren. Die Texte sind entspannend und stärkend zugleich.

Mehr schöne Worte im Yogaunterricht

Tiefgang für deinen Yogaunterricht

Mit den Texten in diesem Buch kannst du deinen Yogaschülern mehr Entspannung und deinem Yogaunterricht mehr Tiefgang geben. Es sind 45 Texte, um den Atem zu beobachten, durch den Körper zu reisen, Meditation zu unterstützen oder gedankliche Reisen zu unternehmen.

Im BoD-Verlag und überall, wo es Bücher gibt.